MARC ELDER

LE PEUPLE DE LA MER

DE LA MER

LA BARQUE

RENÉ KIEFFER

LE PEUPLE
DE LA MER

∎

LA BARQUE

MARC ELDER

LE PEUPLE DE LA MER

·

LA BARQUE

111 GRAVURES SUR BOIS DE
A.-M. MARTIN

RENÉ KIEFFER, RELIEUR-ÉDITEUR
18, RUE SÉGUIER, PARIS - 1924

I

NEUF heures sonnaient au timbre fêlé de l'église quand Urbain Coët sortit de chez Goustan. Sur le seuil, que la lampe teinta de lumière rouge, le vieux Mathieu l'assura de nouveau en lui serrant la main :

— Et tu seras content, mon gars, ta barque sera belle !

Urbain partit, emporté doucement, comme à la voile, par son cœur et roulant dans le bonheur. Ses galoches fouettaient le pavage inégal du quai, dominé de mâtures à demi effacées par la nuit. Il savait que sa barque reposait là-bas de l'autre côté du port, sous un hangar indistinct, mais vers lequel il regarda par habitude et par plaisir.

Il crut rêver et s'arrêta court. Une lueur a fulguré dans les ténèbres et l'eau lui apporte un craquement de planches, un froissement de copeaux. D'instinct, il s'immobilise, en arrêt, sondant la nuit de tous ses sens. Et il devine les mouvements d'une ombre sous l'enclos du chantier.

Silencieusement Urbain tire ses galoches, se trousse

et descend à la yole qui flotte au bas de l'escalier. Il déborde sans bruit, glisse à coups étouffés de godille, accoste. Mais à peine arrive-t-il au coin du baraquement qu'une flambée lui brûle les yeux.

D'un saut, Coët tombe sur un homme accroupi, l'enlève et d'un effort énorme le culbute en plein port. Un choc sur la mer. Coët s'est jeté vers le feu qu'il étouffe sous sa vareuse, sous ses pieds, follement. Les flammes s'affaissent, s'écrasent, et il poursuit, le béret au poing, celles qui rampent.

D'un lougre, une voix hèle à trois reprises. L'eau claque sous les coupes hâtives d'un nageur. Urbain tâte avec soin le sol autour de lui, éteint des braises, écoute. La nuit est immobile comme un bloc que le feu tournant du Pilier tranche ainsi qu'une lame.

Longtemps il reste de garde autour du chantier, encore bouleversé de peur, imaginant sa barque en flammes. Une brûlure cuit son gros orteil gauche qu'il va de temps à autre tremper dans l'étier. Il dénombre ses ennemis : les deux Aquenette, Julien Perchais, les Gaud; il n'a pas reconnu l'homme, mais il frémit de l'intention incendiaire et il voudrait toucher sa barque, la prendre à pleins bras, comme un être cher sauvé d'une catastrophe.

Il fallut les coups grêles de minuit pour lui

2

rappeler que la Marie-Jeanne l'attendait chez lui à l'Herbaudière, et qu'il avait six kilomètres de route. L'obscurité immuable et douce lui était devenue confiante sous l'éclat obstiné du grand phare tournant. Il décida la retraite, mais le jusant ayant échoué la yole, il longea l'étier, du côté des marais, jusqu'à l'écluse dont le bâti s'élevait dans les étoiles en manière de guillotine.

Le lendemain, il revint dès six heures et il vit les preuves : des copeaux brûlés, une plaque d'herbe roussie. La varlope criait déjà sur le chêne ; il entra et, joyeusement, il reconnut sa barque.

Elle montait, énorme dans le petit chantier du père Goustan qu'elle emplissait jusqu'au faîte. C'était une barque de vingt-sept pieds, bien coffrée, puissante, l'étrave haute et l'avant taillé d'aplomb, comme un coin, pour mieux fendre les lames. Au milieu des flancs qui n'étaient point entièrement bordés, les membrures, quasi brutes, apparaissaient arquées comme des côtes, tellement près à près et massives que le bateau semblait bûché dans un monstrueux tronc de chêne.

Orgueilleux de son œuvre, le père Goustan lâcha l'erminette, pour venir à petits pas se camper près d'Urbain Coët. Il releva, d'un geste familier, la large salopette qui juponnait autour de ses vieilles jambes,

redressa son échine, essuya ses lunettes et déclara :

— C'est du travail, ça, mon gars ! et du solide !

Alors son fils, François, qui rabotait les dessous de la barque, à plat dos parmi les copeaux, s'interrompit pour prononcer :

— Faut ça pour battre la mer !

Et Théodore, le petit-fils, du haut du pont, où il bricolait, jeta d'enthousiasme :

— Et pour tailler de la route !

Point bavard, Urbain Coët souriait simplement aux exclamations coutumières des trois générations. Il savait que l'ancien parlait toujours pour vanter son expérience d'un métier enseigné à ses enfants, et que ses enfants approuvaient à l'unisson. Urbain Coët estimait une sage routine. Il n'était point assez fou pour discuter les connaissances des vieux, surtout quand il les jugeait de bonne source. Et le père Goustan avait travaillé dans la grande ville de Nantes, sous le second empereur, du temps des frégates et de la belle marine en bois.

Au chantier de Noirmoutier, on n'utilise que l'erminette et le rabot en cormier cintré ; les Goustan ignorent la ferraille des outils américains. Ils élèvent des barques au petit bonheur, à vue de nez, en méprisant les calculs et le dessin. « La mer ! dit le vieux, c'est-il une dame avec qui on compte ! » Ils font trapu,

4

robuste, à force de chêne assemblé définitivement.

Ils ont deux marteaux pour trois et une seule tenaille dont un coin est brisé. Depuis deux ans, à chaque fois qu'il arrache un clou, François crie qu'il va la remplacer. Mais le père, derrière ses lunettes, constate qu'elle peut encore aller, et l'on remet l'achat. Quand ils ont à percer des trous profonds, Théodore court emprunter une tarière à Malchaussé, le charpentier, qui demeure en ville, de l'autre côté du port, sur la place d'Armes.

Dans un angle du hangar, la meule est fichée au mur par deux montants. Au-dessus, un sabot, la pointe en bas, sert de réservoir et pisse de l'eau par un petit trou bouché d'un fosset. L'affûtage des lames est la prérogative des aînés; Théodore tourne la meule qui geint sur un rythme régulier.

Derrière le chantier, une palissade en volige garde du vent de mer un enclos où végètent des poiriers bas, des artichauts, des citrouilles et un cerisier dont on suppute annuellement la production. Il penche tout contre une fenêtre, et c'est plaisir de voir, en travaillant, danser les fruits rouges parmi les feuilles. Chargé de le veiller, Théodore tape avec son marteau sur l'établi dès qu'il aperçoit les oiseaux voraces.

Le chantier Goustan a de la réputation hors de l'île,

dans les ports voisins de la Vendée, et jusque sur la côte bretonne, par delà l'estuaire de la Loire. C'est un brevet pour une chaloupe de sortir de chez Mathieu Goustan; les connaisseurs ne se trompent point sur sa manière et retrouvent aisément sa marque dans l'étroitesse exagérée des arrières.

Ainsi la barque de Coët troublait les esprits par ses airs athlétiques et souples, son avant en muraille, ses joues effacées, sa voûte fuyante, qui déconcertaient les patrons des cotres réputés, et surtout parce qu'Urbain avait toujours paru pauvre et qu'un sloop de vingt-sept pieds coûtait mille écus.

Urbain Coët était taciturne. Un gaillard qui ne parle pas fait parler et c'est mauvais signe. Les hommes ne le rencontraient jamais chez Zacharie le cabaretier, et les femmes citaient son courage en exemple. C'était de quoi l'avoir en méfiance. Et à présent qu'il devenait propriétaire du plus beau sloop de l'Herbaudière, le pays entier gonflait de jalousie.

Urbain Coët aurait voulu l'ignorer. Tous les jours, il satisfaisait ses yeux à contempler sa barque en écoutant le chœur vantard des trois générations. Et à mesure que le bateau grandissait, il le couvrait d'huile claire qui nourrit le bois et contient les tanins du chêne.

6

C'était déjà l'été. Le soleil chauffait comme un four le chantier, dont les parois en planches craquaient et fendaient sous l'effort tranchant des rayons. Le goudron fondu dans les marmites, la résine amollie du sapin sentaient âcrement par-dessus l'odeur verte des bois frais. Près de la fenêtre, les cerises écarlates luisaient dans l'atmosphère vibrante; et à l'opposé, du côté du port, sur la cale qui penche vers l'eau calme lisérée de sel, la vase pâlissait à sécher et se craquelait comme le vernis d'une faïence.

Sans souci de la chaleur, Urbain Coët, le béret sur les yeux, avait empoigné le pinceau et badigeonnait. François, allongé dans les copeaux, rabotait mollement en criant de soif.

Son fils guettait à la fois les paisses autour du cerisier et la marée pour estimer son rapport; grand-père bûchait.

Et Julien Perchais entra dans une bouffée de soleil, s'arrêta, les bras croisés, en balançant son buste d'hercule, droit en face de la barque fière, et regarda, les paupières clignées.

Le père Goustan monta vers lui, sans hâte, et la tête levée pour saisir l'approbation sur le visage du colosse qui le dominait depuis le coude :

— C'est-il travaillé, ça, patron !

Perchais gratta sa tignasse rousse de sa main para-
lysée que l'on nommait, dans le pays, sa main d'or,
parce qu'elle rapportait une pension; son torse, à plein
maillot, oscilla comme une bouée; il modula, goguenard :

— On verra ça sur l'eau!

François grouilla dans les copeaux comme un chien
mécontent, et riposta en frappant du poing les formes du
bateau :

— C'est tout de même point ton *Laissez-les dire*
qui a de ces façons-là!

Perchais eut un sourire ambigu sur sa face équarrie,
tavelée de son et fournie d'un poil roux qui brillait à la
lumière. Il sifflota en tournant le dos, et Coët évalua
la carrure de ce maillot où les omoplates jouaient lourdement comme des hanches. Il ne se rappelait pas si
l'homme de la nuit était grand. Il l'avait cueilli au ras du
sol et basculé dans le port. Il ne lui avait même pas
semblé pesant tant la colère décuplait ses forces; et ses
doigts n'avaient gardé aucune impression précise qui pût
favoriser des présomptions.

Et brusquement, à leur tour, surgirent de la porte
ouverte Aquenette le Nain et son frère qui devait le
surnom de Double Nerf à l'ampleur glorieuse de ses
biceps, autour desquels était tatoué un brassard de fer
éclaté. Les mains dans les poches, l'œil embusqué dans

l'ombre du béret, ils descendirent, l'air négligent, en roulant dans leurs galoches, sous les flancs du bateau.

Urbain fut presque saisi, mais volontairement il serra la brosse et se remit à peindre. — Pourquoi Perchais et les Aquenette n'étaient-ils pas en mer ?... Pourquoi venaient-ils justement ce matin ?... Bien sûr, un chantier c'est quasiment comme un cabaret, sauf qu'on n'y boit pas, la maison de tout le monde, où chacun entre à sa guise, s'assoit, regarde, cause... Mais comme ils arrivaient à propos, ceux-là, on aurait dit pour voir si le coup avait réussi, ou ce qui restait de leur crime...

Tout d'un coup, Urbain leva la tête vers les hommes et il les vit alignés, le dos à l'établi, les bras croisés. Son regard glissa sur leurs yeux et ils en soutinrent la pression parce qu'il ne s'arrêta sur aucun d'eux. Coët se disait : « Quel est le coupable ? » Mais eux connurent à son hésitation qu'il ne savait pas et ils se rengorgèrent dans l'assurance.

La barque s'enlevait au-dessus de leurs têtes, sereine et dédaigneuse avec ses bordées qui se retroussaient à l'avant le long de l'étrave. Grand-père, lui, ajustait un parclos en tâtonnant et Théodore, là-haut, faisait sonner à coups de marteau le pont arqué comme un thorax. Et avant de reprendre son travail, dans un

mouvement d'heureuse insolence, Urbain Coët caressa ces belles formes ainsi que les flancs vastes d'une femme accueillante.

Au bout d'un moment, le Nain, courtaud et la face camuse élargie d'un fer à cheval de barbe drue, s'en vint fouiner autour du sloop en remuant les copeaux avec ses galoches. Urbain Coët, sous son béret, n'y prit pas garde et s'obstina dans sa peinture.

— Comment que tu l'nommes ton bateau? fit le Nain.

Urbain mit du temps à répondre :

— Je sais point encore!

Les noms des barques sorties du chantier s'alignaient au mur à la manière d'ex-voto laudatifs. C'étaient l'*Espoir en Dieu*, le *Brin d'Amour*, l'*Aimable Clara*, l'*Ange Voyageur*, le *Bon Pasteur*, le *Bec Salé* et d'autres alternativement pieux ou gaillards.

— Ce sera le *Va de l'avant!* proclama Théodore.

— Il se démentirait point! affirma François.

Perchais hocha soudain la tête en fronçant les sourcils; Double Nerf ricana et son frère lâcha du coin des lèvres :

— Y a pas que la barque, y a l'homme...

Urbain Coët retroussa son béret et regarda bien en face Aquenette qui fit demi-tour négligemment. Double

Nerf avança, le torse en avant, et laissa tomber son poing, lourd au bout du bras comme une massue. Urbain paraissait petit, presque chétif sous la vareuse claire; mais il sourit, et, soulevant un poids de quarante livres à ses pieds, il le lança au bout du chantier, sans effort, ainsi qu'une pierre.

Favorable aux rivalités qui entretiennent le commerce et la lutte, François concluait :

— Enfin, les gars, on verra les meilleurs quand on s'alignera aux régates !

Perchais et les deux Aquenette ne répondirent pas. Dédaigneux, ils s'assirent sur l'établi, les jambes pendantes, découvrant leurs chaussettes groseille entre la galoche et la salopette bleue. Perchais repoussa en arrière la casquette qu'il porte seul, à l'Herbaudière, pour se donner des allures de yachtman, et des poils roux débordèrent sur son front tanné. A son poignet on pouvait lire la devise qu'il a gravée au tableau de sa barque : *Laissez-les dire!*

Le rabot criait sur le chêne : grand-père abattait des copeaux à coups réguliers d'erminette; une planche craquait de chaleur. Et ils demeuraient là, tassés, méditatifs, avec le calme taciturne des marins apaisés par la fascination de la mer.

Ce fut Urbain qui, le premier, aperçut la Gaude

quand elle se présenta en cotillon court de Sablaise, avec un journal épinglé en voûte sur les cheveux. Il songea : « C'est juste, son mari l'envoie aux nouvelles ! » Et il pensa lui dire, pour rire un brin : « Tu vois, ma barque est encore debout ! » Mais elle passa près de lui sans le regarder, les seins offerts dans leur forme tentante, quasi nus sous la cotonnade rose, les hanches vivantes et les mollets d'aplomb dans ses sabots vernis.

— Y a-t-il moyen d'avoir du coaltar ? demanda-t-elle.

— Ton mari est trop feignant pour venir ! dit François Goustan en descendant vers la jeune femme.

— Gaud est à dormir, répondit-elle.

— Tu l'as fatigué un p'tit !

— Et que j'en fatiguerais d'autres ! et c'est point vous tous qui me faites peur ! déclara-t-elle en riant de toutes ses dents éclatantes.

Les hommes rigolaient, couvaient la femelle du regard, remués déjà dans leurs instincts. Urbain Coët poursuivait paisiblement sa peinture.

Familièrement, la Gaude était venue parmi les mâles qui la palpaient, la chatouillaient, s'excitaient à dire des obscénités. Elle se roulait de rire, trémoussait sa chair ferme qui sentait la sueur d'aisselles et distribuait de rudes taloches pour jouer.

Le père Goustan ranimait des souvenirs dans sa

12

vieille mémoire en la guignant derrière ses lunettes. Il
lui vanta son œuvre, fit l'article :

— C'est aussi beau que toi une barque comme ça !
On a les gabarits, si Gaud voulait, on lui construirait
la pareille...

— Faut de l'argent, et on n'en a point...

— Parce que tu veux pas en chercher, insinua le
grand-père.

Elle haussa vigoureusement les épaules, cilla vers
Urbain en lâchant :

— Tout le monde n'a pas de la chance !

On ricana. Le dos d'Urbain Coët ne broncha pas,
son bras travaillait d'un mouvement égal, et pourtant le
sang lui battait dans les artères. Urbain avait senti
l'allusion comme une insulte, car il connaissait la
médisance.

C'était une très héroïque histoire malhonnêtement
faussée, et qui remontait au mois d'octobre 1878. Le
trois-mâts norvégien *Tyrus*, en fuite sous la tempête
et cherchant les abris de l'île, touchait la roche des
Barjolles, dans le chenal de la Grise, entre le Pilier et
l'Herbaudière. Le navire sombra, la mâture vint en bas.
Jean-Marie Coët, le père, lançait le canot de sauvetage
qu'il patronnait et embarquait avec ses hommes. Trois
fois ils quittèrent le port, luttèrent pendant deux heures,

jusqu'à l'épuisement, couverts d'eau et culbutés par les lames. Sur la jetée, les femmes, cramponnées au garde-fou, hurlaient comme des chiennes en injuriant le syndic. Coët apaisait la population entre chaque sortie, tandis que ses canotiers s'étanchaient d'alcool. Au quatrième essai, risquant l'écrasement, ils abordèrent le *Tyrus* et décollèrent neuf corps agrippés à l'épave de toute la force crispée des agonisants.

Jean-Marie Coët avait eu la médaille et un diplôme. Mais on prétendait que la nuit suivante, pendant l'accalmie, grâce aux renseignements du capitaine qu'il avait fait parler en le veillant, Coët, seul dans son canot, gagna le *Tyrus* et emporta la caisse du bord. Une seconde bourrasque avait dispersé le navire.

Depuis, le vieux Coët était mort bizarrement, la tête rôtie dans le foyer où on l'avait poussé, semblait-il. Son fils savait qu'il cachait de l'or, par là, sous terre, et le voilà qui s'offrait une barque, moins d'un an après avoir enterré le bonhomme ! De quoi les imaginations s'échauffaient tandis que les commentaires allaient bon train.

Le mot de la Gaude évoquait ces racontars méchamment, et Urbain Coët, devinant le sourire venimeux des hommes, derrière lui, se cramponnait à son pinceau pour ne pas leur lancer son poing dans la figure.

14

Au bord de la fenêtre, la Gaude s'étirait, la croupe
bombée, les seins hauts, cherchant de ses bras basanés
les cerises empourprées de soleil. Elle en cueillit un
bouquet et les happa d'un coup en arrachant les queues
de sa bouche. L'œil inquiet de Mathieu veillait le
cerisier et François accourut avec le coaltar pour
détourner l'attention de la jeune femme.

— Voilà tes cinq kilogs, c'est-il pour le compte
d'Olichon.

— Ben sûr! répliqua-t-elle en soufflant des noyaux
au nez de Perchais.

Onze heures sonnèrent à la cloche fêlée du vieux
clocher de ville. Les Goustan lâchèrent précipitamment
l'outil comme des ouvriers à la journée; François bourra
un sac de copeaux pour sa femme; grand-père serra ses
lunettes et Théodore déhala sur la vase la yole qui sert
à franchir le port.

Le soleil était haut; l'air brûlait, immobile et sec.

— On prend l'apéritif? proposa Perchais à la
Gaude.

— Ah! j'ai point l'temps!

— Que si! on rentrera ensemble et je porterai ta
marmite, offrit Double Nerf.

Cependant Urbain Coët s'entretenait à mi-voix avec
le père Goustan :

— Je pourrai point vous donner vos cent francs ce mois-ci, rapport à l'armement.

Mais le vieux, bonhomme et amical, le tranquillisait :

— Ça fait rien, va, mon gars, tu connais bien les Goustan, on n'est pas des buveurs de sang ! Tu paieras quand tu voudras, quand tu auras de l'argent, faut point te mettre en peine ! Apporte une pistole, deux, trois, à ta guise ! je te compte les intérêts comme aux autres, honnêtement, à six ; t'as tout le temps pour toi !...

C'est la manière de Mathieu Goustan. Le jour où il met une barque en chantier, il ouvre un compte au nom du client et les intérêts commencent à courir. Il sait qu'un pêcheur traîne sa note des années. Il en tient ainsi une vingtaine qui seront indéfiniment ses débiteurs et paieront deux fois leur barque. Mais parce qu'il ne les inquiète jamais, prend l'argent quand il vient, tous le vénèrent, chantent sa louange et le plus endetté de l'Herbaudière ne manque pas d'ajouter en parlant du vieux charpentier : « Mathieu qu'est si bon pour les pauvres gens ! »

Urbain le remercia comme il devait, puis s'installa pour casser la croûte — une tranche de fromage sur un quignon de pain — près de l'établi d'où son regard enserrait la barque d'ensemble.

Les hommes embarquèrent dans la yole ; Perchais

16

assit la Gaude sur ses genoux, et en dix coups de
godille, Théodore accosta le quai, en face.

Le port est un étier long de deux kilomètres, ouvert
sur la mer à l'est de l'île et fermé, au delà du chantier
Goustan, par une écluse qui sert à irriguer les salines.

Sur la rive gauche est groupé Noirmoutier, petit
amas de maisons blanches coiffées de tuiles que dominent
le cube granitique du château massif, fendu de meurtrières, sommé de toits pointus, et le clocher roman,
lourd, parmi les touffes vibrantes des grands ormeaux.

De l'autre côté, à droite, c'est le marais plat, quadrillé,
fuyant jusqu'aux plages de l'ouest que bat la mer du
large. Des silhouettes de moulins, comme de hauts
bonshommes qui se font signe les bras au ciel, repèrent
la plaine; des meules de sel frais éclatent d'une blancheur
de neige dans la lumière.

Les cultures sont rares, cachées aux plis du terrain,
car la brise étrille rudement les plus hautes; et des
arbres apparaissent, couchés sous le vent ainsi que
des fumées. Ici et là, on découvre un âne confondu avec
les champs roussis.

Le long du quai deux dundees ventrus chargeaient
des pommes de terre. A bord les chiens dormaient et les
femmes épluchaient des légumes sous une voile. Partout
des matelots arrosaient les ponts brûlants qui buvaient et

ternissaient. On entendait les seaux tomber à la mer et l'eau ruisseler le long des coques.

Pendant que Théodore amarrait la yole, les hommes filèrent droit chez Cônard qui tient un débit sur la place d'Armes, à côté de Malchaussé, le charpentier, dont la chèvre demeure à longueur d'année sur la rue, en compagnie du bois en bille.

Dans la salle basse aux solives criblées de chiures de mouches sous lesquelles jaunissaient les almanachs Cointreau et « La loi tendant à réprimer l'ivresse publique », un gars à Piron, en vareuse de l'État, avec le béret au nom glorieux de *Marseillaise*, fêtait son congé aux frais de Beaulieu, patron des Douanes. Ils s'alignèrent à leur suite, au bord de la table massive, et Double Nerf commanda le picon qu'ils regardèrent servir avec recueillement.

Et seulement après la trinquée d'usage et la première lampée, les rites étant accomplis, ils parlèrent.

— C'est égal ! avoua Perchais, c'est une belle barque !

— Hein ! vous avez vu ça ! appuya Beaulieu.

Du coup Double Nerf lâcha la Gaude dont s'empara le gars Piron.

— Oui, dit-il, et que je l'voudrais sur les roches, la quille en l'air, le sloop à Coët.

18

— Allons, allons, concilia Beaulieu, faut point souhaiter le mal.

— Crois-tu que nous sommes pas assez de pêcheurs à l'Herbaudière, qu'il y a seulement pus d'sardines! Et Coët est pilote comme mon frère, crois-tu qui va pas lui manger son pain maintenant qu'il a une barque!

Le Nain grogna d'approbation en bouchonnant son collier de poils rêches. Mais Perchais, pour remettre les choses au point, affirma d'assurance :

— On lui flanquera toujours ben une frottée aux régates !

— A savoir !... fit le Nain.

— A savoir, tu dis! Ah! nom de Dieu!

Échauffés, ils ordonnèrent une seconde tournée. Mais brusquement retentit l'éclat de deux gifles. Le béret au nom de *Marseillaise* vola et des brins rouges du pompon s'éparpillèrent. La Gaude se défendait contre Piron.

— En v'là un salaud! ça lui suffit pas d'rigoler comme ça !

La chaleur s'amassait dans la salle avec la fumée des cigarettes. Des flaques luisantes tachaient la table où circulait le paquet de tabac. Les buveurs s'approchaient coude à coude et se criaient mutuellement dans le visage, tandis que les antiques besoins de suprématie et les

haines animales, débouquées par l'alcool, montaient du fond de leur sang d'homme.

Dans le chantier, Urbain avait déjà repris le travail. Par le large panneau ouvert sur le port, il pouvait voir l'eau immobile avec le ciel miré à perte de vue. Sur le quai en face, le jusant avait laissé une ligne de marée au-dessus de la yole des Goustan amarrée à l'escalier. Et le cri d'une poulie, parfois, tombait des airs comme un appel de mouette.

A midi les hommes quittèrent le cabaret avec des mines de conspirateurs et la face ardente. Le soleil écrasait la terre poussiéreuse et leurs yeux clignèrent. Par bravade, ils décidèrent de retourner au chantier. Mais sur la cale, ils trouvèrent Urbain qui parlait à son frère Léon, un gars de dix-sept ans, joli et frêle, sans l'apparence nerveuse de l'aîné.

Ils passèrent de biais, cauteleux et raclant le pavage, Perchais en tête avec le Nain, puis Double Nerf chargé du coaltar de la Gaude. Et Urbain dit très haut à son frère :

— Tu coucheras au chantier cette nuit; demain ce sera mon tour. Des fois que l'feu viendrait à prendre...

Perchais grogna de l'arrière-gorge et cracha. Les trois Goustan sortaient de chez eux, dans l'ordre hiérarchique : grand-père d'abord et puis les deux fils. Alors la

bande s'éloigna par le 'marais où étincelait la neige des tas de sel. On les vit longtemps faire de grands gestes et s'arrêter par instant pour discuter face à face. La barque sonnait à nouveau sous le clouage et le rabot sifflait contre ses flancs.

II

CHAQUE matin, en quittant son lit, Coët sortait juger le temps, selon la coutume des gens de mer. Il faisait quelques pas sur la dune basse où sèchent la salicorne et le chardon bleu, parmi un jonc court et dru qui pique les mollets.

Devant lui s'arrondissait la plage sur laquelle le jusant abandonnait des lianes en guirlandes vertes et des méduses d'opale affaissées sur leur chevelure. Des tas de goémons pour l'engrais, deux bouées galeuses, quelques centaines de casiers blanchis allaient à la file, jusqu'à la cale qui monte doucement, vers la remise du bateau de sauvetage. Puis la jetée haute et puissante avançait de cinq cents mètres dans la mer, comme un bras protecteur, devant les barques claires mouillées près à près sur leur corps mort.

Tout brillait au soleil jeune qui s'enlevait là-bas, de l'autre côté de la baie : le sable, le granit, l'océan, les balises et les tours qui marquent les rochers du large, et la terre, comme une ligne de métal à l'horizon. C'était un paysage de lumière, limpide, frais, sous un ciel blanc,

insondable, balayé d'une légère brise d'est qui sentait l'iode et le sel.

Près de la cabane du gabelou, le brigadier Bernard amorçait des lignes. Les hommes descendaient du village, parcouraient la jetée à grand bruit de galoches, embarquaient dans les canots. Ils parlaient peu. On entendait surtout sonner le bois, battre l'eau, grincer les chaînes et crier les poulies à l'appareillage.

Les sloops sortaient un à un, dressant haut dans l'air lumineux leurs voiles rousses, bleues ou jaunes, cambrant leur coque grise, largement ceinturée de vert ou d'écarlate.

Et sitôt la jetée doublée, les voilures déployées au vent arrière, ils couraient vers l'horizon en emportant du soleil.

Les yeux clignés, Urbain regardait s'éloigner les barques en les nommant dans sa tête. Il songeait au jour prochain où il prendrait rang dans la caravane. Mais un mouvement de défi lui raidissait involontairement l'échine à la vue du *Bon Pasteur* que patronne le Nain et du *Laissez-les dire*, dominé à l'arrière du colossal Perchais. Et il les suivait âprement, jusqu'au chenal de la Grise que masque la pointe fauve de la Corbière.

Quand il rentrait dans sa maison propre, bâtie à côté de celle d'Izacar le mareyeur, qui est riche, et a

24

permis d'élever une croix de huit mètres dans un angle de sa cour, devant chez lui, il trouvait la Marie-Jeanne au travail. C'était une petite femme dodue, aux articulations fortes, aux yeux très noirs, aux cheveux luisants. Elle balayait à grands coups le sol de terre battue où l'armoire, la huche et la table s'élevaient sur des briques à cause de l'humidité.

Coët l'avait épousée par amour bien qu'elle fût fille de terrien et que son père, le vieux Couillaud, fermier à Linières, eût tout fait pour la dégoûter des marins qui sont soulards et crève-misère jusqu'à ce que la mer les mange.

Coup sur coup, il lui avait fait trois enfants, parce qu'il faut des bras pour manœuvrer les barques et qu'un mousse de plus dans la famille c'est un étranger de moins à entretenir à bord. Car les pêcheurs procréent surtout par intérêt, comme les bourgeois s'en gardent pour la même cause, et non pas tant, selon la commune croyance, à cause des ivresses qui les culbutent, dans une poussée de rut, sur leurs femmes maîtrisées.

Ils avaient eu la chance d'avoir trois mâles, de quoi Urbain gardait de la reconnaissance à Marie-Jeanne. Le dernier, nourri, ainsi que ses frères, de moules et de crabes qu'il mangeait déjà « comme un homme », attrapait ses dix-huit mois, et l'aîné n'avait pas cinq ans.

Dès qu'elle voyait rentrer son homme, la Marie-Jeanne posait son balai et interrogeait :

— T'as faim, pas vrai ?

— Je mangerais ben un morceau.

Elle tirait de l'armoire du beurre et la miche. D'habitude, Urbain ouvrait son couteau et se curait silencieusement les dents avec la pointe. Mais ce jour il demanda :

— Les gars sont couchés ?

— Je les ai point réveillés, pour avoir la paix...

— Et Léon ?

— Il répare les casiers.

Du soleil glissait de biais par la fenêtre, s'allongeait jusqu'au foyer; un pied de la table brillait. La Marie-Jeanne ferma le volet et dans la demi-lumière ambrée Urbain mâchonna, la bouche pleine :

— J'ai trouvé un nom pour not'bateau, tu sais.

— C'est point le *Désiré* comme on avait dit ?

Coët fit « non » de la tête, sans parler davantage, et sa femme ne le questionna pas. Il prit le pichet sur la table et but à même une lampée d'eau claire. Puis il fouilla dans le coin derrière la barrique, tira des peintures, une planche et sortit dans la cour.

Assis sur le sable, son frère y travaillait, des casiers entre les jambes.

26

— J'ai trouvé un nom pour not'bateau, redit Urbain.

Léon leva sa tête régulière et fine où ses yeux verts, sous leurs cils très longs, avaient l'attirance mystérieuse des étangs plats sous les ombrages. Accroupi sur ses talons, Urbain traçait déjà des lettres.

Au bout du terrain enclos de grillage bas, des mouches dansaient autour de carapaces roses et d'une peau de lapin séchant au bout d'un pieu. Par delà on apercevait la maison à un étage de Viel qui possède deux barques et du bien en terre; des meules de fourrage, caparaçonnées contre le vent de foin tressé; et enfin le marais avec ses moulins, ses cônes de sel, et des femmes fouillant la terre ici et là. Car dans l'île les femmes surtout vont aux champs où elles remuent la glèbe clémente, leur jupon court troussé aux jambes en manière de culotte; l'homme a la mer dangereuse.

Urbain se redressa et dit :

— Voilà !

La Marie-Jeanne et Léon s'approchèrent et considérèrent la planche où était peint en belles lettres droites — car les marins savent tout faire — :

Dépit des Envieux.

— C'est le nom, dit-il.

Ils se regardèrent tous les trois en souriant, satisfaits de la crânerie, mais la Marie-Jeanne s'inquiéta :

— Fais attention aux Aquenette...

Léon rit largement et Urbain haussa les épaules.

Puis il ramassa l'écriteau, rangea la peinture et partit vers Noirmoutier.

A peine entré au chantier, il saisit un marteau, choisit une forte pointe, escalada l'échafaudage et d'un seul coup fixa le nom à l'étrave de sa barque.

Les trois Goustan accoururent. Grand-père médita, le nez en l'air, et prononça :

— C'est bien ça, mon gars, s'ils t'envient, faut montrer que tu les crains pas !

— Ah ! ils le verront bien quand ton sloop s'alignera avec eux autres ! appuya François.

Mais Théodore n'approuva pas ; il aurait voulu un nom plus héroïque.

Le soir même la nouvelle fut portée à l'Herbaudière par Louchon, le facteur, qui a l'œil gauche dévié. Il va chaque jour à la ville chercher le courrier et fait les commissions pour un verre de vin. Il ramène souvent de la viande dans sa besace parce qu'au village il n'y a pas de boucher. Il déballe au cabaret, où s'abrite la poste, les potins amassés en route. Ce fut là que le père Piron, qui buvait ses quatre sous d'eau-de-vie, apprit le nom de la barque à Coët : le *Dépit des Envieux.*

Le père Piron descendit à la jetée où débarquent

les gars au retour de la pêche. Les canots se hâtent, s'amarrent aux échelles montant à pic le long du granit, comme un troupeau de bêtes, la tête pressée vers le râtelier. La sardine brille en gros tas d'argent sur leur plancher et les pêcheurs la rangent activement, par centaines, dans les balles. Des conversations aiguës, mêlées de jurons, s'échangent pour les marchés. Des femmes tricotent des bas groseille, guettent leurs hommes et jargaudent en clair patois vendéen. Des civières passent, chargées de paniers, d'où l'eau goutte en laissant des traces. Ça sent fort et bon les entrailles de la mer. Les sabots battent la jetée; le vent grésille dans les filets bleus étendus sur le garde-fou. Et de l'ouest rouge que coupent les hauts phares du Pilier, les derniers sloops accourent, leurs grandes voiles éployées en ciseaux, comme des ailes.

La Gaude était là, les mains sur ses fortes hanches, et les gars riaient des yeux et l'apostrophaient en la frôlant. Le père Piron lui confia l'affaire :

— Tu sais pas que Coët a nommé son bateau le *Dépit des Envieux...*

Elle fit la moue, mécontente.

— C'est pour nous mettre à défi peut-être !

Alors de l'un à l'autre on se passa le mot. Il courut sur la jetée parmi le travail; les femmes le dirent aux

vieux et les galants qui vont attendre à la sortie des usines les filles tout imprégnées d'odeurs d'huile et de poisson, le répétèrent aux « connaissances » en les lutinant pour rire. Puis lorsque la nuit tomba, les hommes, qui ont coutume de fumer des pipes en causant, assis sur la murette devant l'auberge à Zacharie, commentèrent le fait et conclurent que Coët était vraiment un mauvais garçon pour les braver jusque dans le nom de sa barque. Et ils décidèrent d'aller en troupe le dimanche suivant voir ce fameux bateau.

Les gens de l'Herbaudière ne prennent jamais la mer le dimanche, non point en l'honneur du bon Dieu ou parce que c'est le jour du curé, mais simplement parce que les usines ferment et n'achètent pas la sardine. D'ailleurs les hommes ne vont guère à la messe qui est l'affaire des femmes.

Le samedi soir, toutes les barques rentrent à leur mouillage dans le port où elles se reposeront le lendemain, paresseusement couchées sur le flanc, à mer basse. C'est la journée du nettoyage. Le caleçon rouge troussé en bourrelet jusqu'aux genoux, les hommes briquent, frottent, peignent et le soleil, qui sommeille dans les flaques d'eau, rejaillit au contraire en éclaboussures sur le coaltar frais des coques rondes. Le sable est noirâtre, pailleté, impalpable, mais si bien tassé que les pas n'y

marquent point et appellent seulement un peu d'humidité. La jetée, dégagée, s'élève comme un rempart verdi à sa base et fourni de goémon; les viviers d'Izacar sont à sec à l'extrémité, et l'on y entend vivre les cancres et les homards dans un petit bruit perpétuel de bulle qui crève.

L'après-midi, les pêcheurs se promènent, boivent chez Zacharie, jouent aux cartes ou courent les galantes. Ils ont des vareuses propres, un foulard blanc et des galoches luisantes. Les filles mettent au cou un mouchoir de soie framboise, vert tendre ou bleu de ciel sur un caraco frais, tiré à la poitrine; elles ont un bonnet de linge sur leurs cheveux plats, des cotillons courts, des sabots cirés.

Ce dimanche-là, Double Nerf buvait depuis le matin, en compagnie de Gaud et de deux thoniers arrivés la veille, quand il se rappela le rendez-vous au chantier Goustan.

Les gars étaient déjà loin sur la route, par groupe bleu clair ou bien deux à deux. Il y avait le père Olichon, Piron l'alcoolique qui a quatorze enfants et jamais un sou net, Julien Perchais plus colossal auprès du Nain, le brigadier Bernard et Labosse, le douanier, qui n'était pas de service. Viel, le riche, s'en allait avec la Gaude aux cheveux de jais éclairés de coquelicots rouges; la mère Izacar et la femme à Perchais marchaient avec la

fille Zacharie qui est mise comme une demoiselle; des gars emmenaient leurs connaissances par la taille.

Urbain Coët travaillait avec Léon au chantier où les odeurs de peintures et de goudron s'exaltaient dans la chaleur. Près de lui, sa femme tricotait, assise à la porte de l'étier, et ses trois gamins jouaient devant elle sur un tas de copeaux.

Les Goustan ne viennent jamais le dimanche. Grand-père dort sur son lit, le gilet ouvert; François fait « une vache » aux aluettes, chez Malchaussé; et son fils navigue dans la yole avec des camarades.

— T'as donc point de repos, mon gars!

Le père Olichon entrait le premier et petit à petit chacun se rangeait le long des établis, ricaneur, les bras croisés. La barque les couvrait de son ombre, magnifique et campée d'aplomb sur la quille, les flancs vastes et le pont élancé ainsi qu'une échine, d'arrière en avant, vers l'étrave qui dressait en croix ce nom : *Dépit des Envieux.*

Silencieux, les hommes tournèrent à l'entour, s'accroupirent pour juger les dessous, et les visages se faisaient graves, impressionnés. A la porte, les filles se pressaient, jacassantes, et Léon remarqua joyeusement Louise Piron, aux yeux hardis, qui le taquinait avec des aguicheries depuis quelques soirs.

32

— Ça c'est un bateau! ou je m'y connais pas! déclara Bernard avec admiration; y a pas mieux dans le port!

— Savoir s'il marchera, risqua Perchais, y a la voilure à établir...

Pour exciter le colosse, Gaud, maigre et sournois, lâcha de la pointe des lèvres :

— Il marchera peut-être mieux que ton *Laissez-les dire*...

Perchais plissa les paupières et cracha, les yeux mauvais. Mais Urbain prévenait doucement Aquenette qui tirait sans relâche sur un brûle-gueule, grésillant au ras de son poil rêche :

— Dis donc, le Nain, si tu voulais bien pas fumer? T'as donc ben envie de flamber ma barque?

— Oh! une pipe! ça fait ben ren...

— Et puis t'as d'l'argent pour t'en payer d'autres, des sloops, grogna Double Nerf.

Alors Bernard intervint :

— Ah! non, éteins ça ou va dehors!

Sans répondre, le Nain sortit à pas traînants sur la cale, en fumant à petits coups. Urbain regarda son frère et Léon se posta près d'Aquenette en surveillance.

— De quoi! hurla soudain Double Nerf, tu soupçonnes mon frère, tu le fais guetter!

— Sait-on point ce qui peut arriver, dit tranquillement Urbain.

La peau tannée de Double Nerf rougit et se tendit à l'effort du sang ; il se ramassa, le poing massif comme un bélier, et riposta :

— Dis rien, nom de Dieu ! ou je te défonce comme ça !

D'un seul coup il troua la cloison dont les planches éclatèrent. Du soleil tomba par la brèche ; le poing de l'homme saignait goutte à goutte.

Les femmes se rapprochèrent curieuses, et dirent :

— Il est saoul !

Le père Olichon, Bernard et Labosse essayaient de le calmer, les autres regardaient, intéressés. La Marie-Jeanne, craintive, s'était levée en ramassant ses enfants dans ses jupes.

— Double Nerf a raison, déclara Perchais. Coët le met à défi et nous tous de même !

— Y a pas de quoi l'assommer ! cria Olichon. Coët se débrouille et vous êtes jaloux !

Ils rigolèrent en montrant leurs dents jaunes gâtées par le tabac et lâchèrent :

— Jaloux ! on s'en fout pas mal !

Mais Double Nerf, de plus en plus excité et soutenu par Gaud et Perchais, continuait à gueuler :

— J'aurai sa peau à c'te fils d'vesse ! J'aurai sa peau !

Urbain s'était remis à huiler son mât avec un calme exaspérant; et Louise Piron, descendue jusqu'à Léon, admirait :

— Il est brave ton frère!... Et toi?

Le joli gars sourit, releva ses longs cils, laissant filer l'éclat téméraire de ses yeux verts, et la jeune poitrine de la Louise s'enfla de contentement.

Le père Piron, tout suant d'alcool, s'épuisait à prêcher la réconciliation :

— Faut qu'ils boive' ensemble! Faut qu'ils boive' ensemble, un verre, ça efface tout!

Les avis étaient partagés. Double Nerf parlait sans cesse de détruire au claironnement des *nom de Dieu* qui sonnaient dans sa gorge, et jurait de ne trinquer avec Coët que pour lui faire boire un coup à la grande tasse. Perchais s'efforçait de le prendre de haut, par le mépris. Mais Gaud, ayant avancé insidieusement qu'il devrait, sans doute, compter avec lui aux régates, Perchais s'emporta et gronda, le thorax soulevé par une tempête de sang.

— Ah! y a trop longtemps qu'on m'embête avec cette histoire! J'battrai Coët comme je vous bats tous !

— J'parie pour Coët, une tournée!

Chacun s'engagea à son tour, les uns pour le *Dépit des Envieux*, par haine contre la supériorité de Perchais,

35

les autres pour le *Laissez-les dire*, par envie d'Urbain Coët. Et Double Nerf hurlait encore « qu'il lui ferait la peau à c'te fils d'vesse », quand un vieux entra, coiffé du chapeau rond des paysans maraîchins, le dos voûté, les bras ballants.

On entendit des rires, des mots : « V'là l'marchand d'patates ! » La bande fit un mouvement de retraite qu'accéléra un dernier coup de voix. Et quand tous furent sortis, le bonhomme qui les avait dévisagés carrément un à un prononça :

— Bons de la gueule et faillis du bras, c'est ren qu'des chie dans l'eau !

Ils s'en allèrent en clamant fort. Le Nain, qui fumait obstinément, les rejoignit par le sentier. Et la Marie-Jeanne monta vers son homme en découvrant les petits de sa jupe.

— J'ai eu peur pour toi, dit-elle.

Déjà le père Couillaud descendait en toisant de l'œil la coque puissante où le soleil éclairait, par plaques, le beau chêne aux tons de miel. Il dit, sans effusion :

— Bonjour, la fille ! bonjour, le gars !

La Marie-Jeanne poussa vers lui les enfants en murmurant :

— Allez embrasser grand-père.

Mais lui leur mit simplement la main sur la tête,

36

tandis qu'il enserrait la barque du regard, le front plissé
de méditation.

— Alors, dit-il, c'est ça qui coûte si cher, queuques
planches clouées!

— Dame! C'est de la belle ouvrage! vanta Urbain.

Le bonhomme s'approcha, caressa les bordés et
concéda :

— Le bois est bon, c'est ben péché de l'jeter à l'eau!

— J'pense qu'il en reviendra, fit Urbain.

— P'tête ben aussi qui n'en r'viendra pas, riposta le
vieux, narquois.

— Oh! père! pria Marie-Jeanne.

Le bonhomme riait silencieusement de toutes ses
rides en se bourrant le nez de tabac, à la force du pouce.
Puis brusquement il devint grave et dit :

— J'avais promis de v'nir voir c'te bateau et me
v'là; mais, mon gars, j't'approuvions point. C'est
trop conséquent pour toi et trop de prix. T'as p'tête
seulement point d'quoi l'payer!... Alors?... S'il vient
des mauvaises saisons?... L'an dernier j'ons perdu
mes fèves par les pluies: c't'année c'est le soleil qui
mange la récolte. Y a point d'fiance au temps, et il est
le maître...

La Marie-Jeanne avait repris son tricot machinalement, un peu gênée par les paroles du vieux paysan,

37

qui sentaient la prudence campagnarde et la lutte sans
merci contre l'invincible nature. Urbain continuait son
travail, très à l'aise sous des propos dont il n'entendait
pas la sagesse, et auxquels il répondit de bonne foi :

— Vous parlez pour la terre, mais nous c'est point
pareil; la mer sait point manquer.

Ils étaient de deux races et ne pouvaient se
comprendre. Toute la lignée d'aïeux, dévorés successivement par la glèbe, criait misère au sang du vieux. Il
portait, comme un châtiment, les siècles d'efforts sans
bénéfices, de vieillesse affamée par l'engourdissement, qui
ont engendré les rapacités et la terreur du lendemain.
Derrière lui s'étendait la plaine millénaire, qui, bien que
trempée de sueur et grasse de sang, n'attendait qu'un
répit de l'homme, pour repousser contre lui ses friches
meurtrières.

L'autre gardait en lui le temps perdu des aventures
où l'Océan, route des mondes merveilleux, charriait de
l'or. Le même intérêt, qui fit au premier marin risquer
la tempête, soutenait son courage. Il savait les gains
faciles de la vie de mer, l'existence assurée près de la
grande nourrice, et la certitude d'une retraite biffait
l'avenir de son imagination, en même temps que l'air du
large l'entretenait de santé et de belle humeur.

Le vieux avait hoché la tête et s'était tu. Désintéressé

38

de la construction, il se tourna vers l'enclos et jaugea le cerisier :

— C'est du beau fruit, dit-il, et net comme l'œil !

Mais la vue du potager inculte l'écœura, et faisant une grosse moue des babines, il revint à son gendre et demanda :

— Quand c'est-il qu'tu la mets à l'eau c'te barque ?

— J'pense ben dans une quinzaine.

Et soudain, avisant le nom cloué sur l'étrave, il épela lentement : « *Dépit des Envieux...* » et ajouta entre les dents :

— Ça se dit comme ça, avant d'commencer.

Puis il partit, comme il était venu, sans embrasser personne.

Urbain le vit s'éloigner avec joie et réclama son frère. Heureuse de la diversion, la Marie-Jeanne descendit vers la cale en frottant ses aiguilles sous sa coiffe. On entendit un rire frais dans le calme, des claquements de petits sabots, et Léon parut, le sang au visage.

— Tu cours après c'te garce ! gronda Urbain.

Mais le jeune homme qui devait retrouver la Louise le soir, dans les dunes, reçut sans écouter la remontrance et ne répondit pas.

Les belles nuits de printemps et d'été, les filles et les

gars se rejoignent dans les falaises de la Corbière, sitôt
passé les dernières maisons du village. Les filles qui
poussent en plein vent sur ce coin d'île ont les joues
tannées, les mains rudes, les muscles forts, le sang
chaud. A partir de la puberté, elles portent le désir écla-
tant dans leurs yeux et le remuent autour des reins
parmi les jupes. La mer ne prend pas toute la force aux
jeunes hommes et les couples sont nombreux le soir à
l'orée du marais ou aux plis des dunes. A la manière
vendéenne, ils échangent des caresses satisfaisantes mais
point dangereuses, encore qu'il arrive bien, une fois de
temps en temps, à quelque jeunesse d'être enceinte. Ses
compagnes s'en amusent, sa mère tape dessus, le curé la
marie : ça n'empêche pas d'être honnête, et d'avoir du
cœur à l'ouvrage!

Quinze jours passèrent. La barque s'acheva et les
formes, nettement accusées par la peinture, révélèrent
toute sa force qui remplissait l'étroit chantier. Au-
dessous de la flottaison, du black frais glaçait les fonds ;
les hauts s'enlevaient en bleu très pâle, traversé d'une
bande d'outre-mer à hauteur du pont.

Le père Goustan ne travaillait plus et admirait son
œuvre, les mains dans la ceinture de son pantalon, d'où
débordait sa chemise, en ballonnant. Il demeurait là,
bouche bée, ne remuant ses vieilles lèvres violettes que

40

pour vanter les tonnes de mâchefer cimentées au fond de
la coque :

. — N'y a tel que ça pour lester un bateau !

Et le jour du lancement vint avec le gros de l'eau.

Un matin Théodore attacha sur l'étrave un bouquet
de passeroses et fixa au tableau le drapeau tricolore.
A trois heures la marée baignerait le chantier et
les Goustan s'affairaient. On fut quérir Malchaussé,
avec son cric, pour soulever l'avant de la barque.
Alors, débarrassée des épontilles, elle monta au-dessus
des hommes, géante, haussée jusqu'au toit. Et Urbain
effaçait une à une les écorchures, d'un pinceau
soigneux.

Le temps se plombait et le vent d'ouest déchirait à la
course le manteau des nuages, au travers duquel
tombaient des raies de soleil sur le marais où tournait
la mouette criarde. Les arbres ployaient de l'échine; la
toiture du chantier frémissait par secousses; l'eau du
port, limoneuse, ressaquait en clapotis.

Des curieux arrivèrent, se tassèrent près des cloisons.
Des gens s'amassèrent en groupe, sur le quai, autour du
douanier important et phraseur. François guettait la
marée, tandis que, sous l'œil économe de grand-père,
Théodore distribuait, avec parcimonie, le suif lubrifiant
au long de la glissière.

41

— La mer est pleine, allons-y, les enfants !

A cet ordre, Urbain trépigna sur la berge en appelant, à force de moulinets, une coiffe blanche qui se hâtait sur le sentier du côté de l'écluse.

— Mais dépêche-té donc !

La Marie-Jeanne fonçait contre le vent, le jupon collé aux cuisses, remorquant à bout de bras son petit Jean qui sautillait dans des galoches. Elle s'excusa : elle avait dû attendre la Viel pour lui confier les autres gars. Mais, sans gronder, Coët lui prit la main, l'entraîna en haut du chantier et se croisa les bras auprès d'elle.

Léon venait de monter à bord avec le jeune Goustan. Les accores s'abattirent. La barque fut libre, d'aplomb sur sa quille ; on entendit grincer l'outil de François qui sciait la savate. Immobile et redressé, avec de la joie sur la face, le père Goustan tendait l'œil à pleines bésicles.

Un craquement sec, François jeta :

— Envoyez !

La barque bouge à peine, glisse, prend de la vitesse, touche la mer.

Les poutres ronflent sous la masse, l'eau s'ouvre, gargouille, s'enfle, contre l'arrière, et, refoulée, monte brusquement sur les berges. D'un coup, la barque inclinée se redresse, flotte et court sur son erre. Les

42

aussières raidissent en geignant; les chaînes raguent
dans les écubiers; et arrêté dans son mouvement au ras
du quai, le bateau revient mollement sur lui-même.

Le chantier vide paraissait immense. Les hommes
clamaient d'enthousiasme et l'on répondait de l'autre
côté du port.

A bord Léon et Théodore agitaient leur béret; le
drapeau claquait dans le grand vent d'ouest; et personne
ne vit Urbain qui soulevait son enfant vers le bateau
comme un bouquet d'espoir.

La Marie-Jeanne avait envie de pleurer sans savoir
pourquoi. Elle pensait au jour de ses noces où elle avait
manqué pâmer à l'église. Elle s'approcha de son homme
jusqu'à sentir sa chaleur. Le petit Jean cria. Urbain
songea :

— Ah! si le père était là!

Car il sentait confusément en lui, à la fois, l'effort
reculé de la race et son nouvel élan. Il revit le vieux qui
avait tant trimé pour amasser, sou à sou, l'argent d'une
barque, et que la mort avait culbuté tout d'un coup au
foyer avant qu'il ait pu voir son rêve, ce bateau bleu qui
se tenait là-bas, cambré au vent sur ses amarres.

Les Goustan avaient entonné des chœurs orgueilleux
parmi les hommes qui réclamaient à boire. C'était l'heure
de la libation rituelle qui consacre les affaires humaines

et exalte les victoires. Déjà chacun tirait vers la buvette quand la Marie-Jeanne poussa un léger cri.

La botte de passeroses, nouée à l'étrave, venait de tomber à l'eau dans un coup de vent. Elle la regarda, le cœur serré, dériver sur les courtes vagues. Et à bord d'un caboteur, une vieille barbe ayant prononcé : — « V'là une barque qui commence par un sale temps ! » elle éprouva de la tristesse, et, relevant la tête, elle sonda le ciel où les nuages se pressaient maintenant, compacts, hâtifs, en masquant définitivement le soleil. Alors elle dit à son homme :

— Je m'en vas, à cause des enfants et de la soupe.

Les deux frères demeurèrent seuls et s'attardèrent à travailler jusqu'au soir, sans pouvoir se résoudre à quitter cette barque, solide sous leurs pieds et qui était à eux.

La mer baissa. Le *Dépit des Envieux* fit son trou dans la vase molle et claire. Le quai le dominait ainsi qu'un rempart ; une odeur de salure fétide montait du port à sec ; le vent se déchirait dans les mâtures.

Urbain s'en alla en laissant Léon de garde à bord. Et, comme une heure après il entrait au village par la traverse, derrière chez Viel, une ombre sortit d'une meule de foin, interrogea d'une voix craintive :

— Ton frère ne vient donc pas ?

44

Urbain reconnut Louise Piron qui attendait au rendez-vous quotidien.

— Ça te tient dur, répondit Coët en riant; not' sloop est à l'eau, Léon couche à bord.

Alors la fille s'enfonça rapidement dans la 'nuit en reprenant le chemin suivi par Urbain, les sentiers qui mènent au port de la ville.

III

LE *Dépit des Envieux* était à son mouillage, dans l'abri de l'Herbaudière. Urbain Coët avait établi son corps-mort derrière le double rang de chaloupes parallèle à la jetée, et du côté de terre, en sorte que, de sa maison, il pouvait avoir sa barque à l'œil. Le vieux canot, avec lequel il pêchait les cancres et la lubine dans les rochers de l'île, remis à neuf et peint aux couleurs du sloop, était amarré à son flanc, comme un petit serré contre une mère. Et toutes les autres barques avaient également, autour d'elles, une ou deux petites embarcations qui jouaient sur les houles sans jamais s'écarter.

La brise d'ouest qui soufflait le jour du lancement avait forci au décroît de la marée. Les drapeaux des usines vibraient, sur les drisses arquées. La nue, fumeuse, dérivait d'une masse vers l'est et montait sans cesse de l'horizon où la mer était noire. Plus près, des moutons mêlaient à son vert profond leurs cabrioles blanches. La mer remplissait l'air de son bruit, criait en écumant dans les rochers de la pointe, bombardait à coup de vagues la jetée sonore, roulait les barques à bout de chaînes, ressa-

quait au long des cales et venait s'aplatir, amollie, brisée, sur la plage où le vent faisait courir le sable au ras du sol en grésillant.

Chez Coët, on travaillait à monter des filets tandis que la Marie-Jeanne, en tablier de serpillière, préparait la teinture. Le vent ronflait sous les portes, et, dans la cour, du chaume tournait avec un bruit soyeux. Au-dessus du marais, les moulins prudents ne dressaient plus dans l'air tumultueux que l'arête sans prise de leurs ailes.

On entendait la mer qui tourmentait la côte et se battait au large. Il n'y avait dehors qu'un groupe de causeurs à l'abri du canot de sauvetage.

Terrés au foyer ou à boire chez Zacharie, dont la buvette affiche en lettres d'un pied la rubrique préten-tieuse : *Au XXᵉ Siècle*, les hommes attendaient l'embellie pour sortir. Et de temps à autre ils venaient à la jetée, sonder la mer menaçante avec de l'inquiétude au ventre et au cœur aussi, à cause des gosses et de la femme.

De sa fenêtre, la Marie-Jeanne voyait danser la mâture neuve du *Dépit des Envieux* où clapotait un gréement clair; le pont, rayé de coutures, lui apparais-sait par intervalle au roulis; et elle était fière, parce qu'il n'y avait pas, dans le port, une autre barque si propre et si légère au dos des vagues.

48

A bord la Marie-Jeanne connaissait quatre bonnes paillasses, remplies de varech bien séché et mises en place par elle, le jour où le *Dépit des Envieux* prit mouillage à l'Herbaudière pour la première fois, quatre bonnes paillasses carrelées de gris et de violet, où l'on enfonçait en se couchant et qui vous tenaient la chair, la serraient, la calaient de tous côtés si douillettement! N'était-elle pas tombée sur l'une qui l'avait reçue comme des bras ouverts l'autre soir!... Elle était seule à bord, avec son homme qui la contemplait arranger les couchettes, le corsage dégrafé parce qu'il faisait chaud dans le ventre du bateau. Et brusquement voilà son Urbain qui l'empoigne, la roule et se glisse sur elle en heurtant son échine au plafond bas. Elle avait crié, à cause de sa coiffe, elle avait ri, et puis, ma foi, c'était si bon d'être prise comme ça tout d'un coup, mangée, happée comme qui dirait... Elle se rappelait le carré de nuage, à perte de vue, que découpait le capot au-dessus d'elle; les sonorités de la coque amplifiant le fouettement des drisses; et qu'au roulis, de peur de tomber, elle cramponnait les reins nerveux de son gars. Ah! les bonnes paillasses! le bon souvenir! que Coët nommait en riant : le coup du baptême.

La Marie-Jeanne était heureuse, parce que son homme penserait mieux à elle dans cette couchette où il

l'avait « fait mourir », parce qu'elle avait laissé là beaucoup de sa grande joie d'amour qui demeurerait comme une petite âme au cœur même du bateau.

Et pourtant, la bourrasque persistante l'inquiétait. Depuis son lancement, le *Dépit des Envieux* n'avait pu se mesurer avec les autres et battre la mer libre pour laquelle il était fait. Urbain ne soufflait mot, mais son visage se fermait davantage et elle sentait que le temps lui durait à terre. Les hommes pouvaient haïr sa barque, mais la mer, pourquoi n'était-elle pas plus clémente ? La Marie-Jeanne s'efforçait d'être gaie, active, mais quand son homme ne l'entendait pas, elle disait volontiers « qu'ils n'avaient pas de chance ! »

Enfin le soleil reparut. Au ciel à peu près nettoyé, flottaient encore de grands nuages fous, comme des oiseaux perdus derrière un vol passé, et leur ombre, sur l'océan, déplaçait des taches sombres, immenses. Dans le matin pâle les vareuses bleues se pressèrent vers la jetée. Les canots débordaient, accostaient les chaloupes ; les avirons heurtaient les coques, battaient l'eau, et déjà les sloops appareillaient au cri des poulies. Le soleil bas frappait l'intérieur de la digue, allumant les granits blonds qui, comme un mur d'or, se reflétaient dans la mer plate.

Sur la dune, parmi le vert jaune des joncs courts,

une petite femme guettait, la coiffe lumineuse, du vent
dans les jupes. La Marie-Jeanne voulait voir partir son
homme. Coët sortit un des derniers, et les balises doublées,
bordant plat sa voilure, il serra le vent à la suite des
autres barques qui allaient en caravane, toutes inclinées
sur le même bord du côté du soleil.

Malgré l'ombre qu'elles portaient dans leur creux,
les voiles du *Dépit des Envieux* éclataient de blancheur,
et, d'un mouvement sûr, elles avançaient tour à tour
soulevées et inclinées au tangage, comme dans un grand
salut. L'avant du sloop charruait un peu lourdement la
mer qui se gonflait et bouillonnait à l'épaule, mais
l'arrière glissait bien dans le sillon, en entraînant, comme
une auto, les feuilles mortes, les bulles éphémères et
l'écume subtile.

Coup sur coup, Coët dépassa l'*Espoir en Dieu*,
l'*Ange Voyageur*, le *Secours de ma Vie*, et rattrapa
lentement le *Bon Pasteur*, la barque noire et blanche où
le Nain est pilote.

Les pêcheurs ne parlaient point à leur bord; — les
hommes de mer ne sont pas bavards : la pipe occupe
leur bouche, l'océan leur œil et leurs pensées; — mais
tournées vers la nouvelle barque, toutes les faces rudes
et boucanées suivaient de près sa marche et à la voir
serrer le vent en les gagnant de vitesse, une émulation

jalouse remuait le sang des hommes et donnait à ce départ de pêche une allure de régate.

Le *Laissez-les dire* tenait la tête, au loin, reconnaissable à sa haute voilure bleue, et Perchais, à la barre, se retournait par intervalle vers la pyramide blanche qui croissait régulièrement derrière lui sur l'eau ensoleillée.

Au louvoyage, les sardiniers portés par le jusant s'engageaient dans la Grise. Fraîche, élastique aux voiles, la brise sentait fort la salure du large. Sur la jetée, trait noir dans la côte blonde, l'œil perçant de Coët distinguait encore un point, sa femme sûrement qui l'accompagnait du regard; et il eut de l'orgueil de sa barque, de la Marie-Jeanne et de lui-même. Le point s'effaça, la digue s'éteignit. Il n'y eut plus que la bosse confuse de l'île embrumée et, devant lui, la mer infinie où les petits bateaux se perdaient parmi les vagues.

A dix milles dans l'ouest, le *Laissez-les dire* rencontra la sardine et mit en pêche. L'*Aimable Clara* arrivait à son tour, puis tout aussitôt ce fut le *Dépit des Envieux* qui avait semé les concurrents en trois heures de route.

A son bord, Perchais jura un « nom de Dieu » formidable en houlant du torse et bottant son pont. Double Nerf « n'en revenait pas » de voir Coët derrière lui, tandis que la voilure de son frère, marquée de l'ancre pilote, se perdait au loin parmi les traînards.

52

Mais bientôt le ciel se chargea de nouveau, et l'ouest
recommença de lâcher des nuages sombres et crevassés
au travers desquels tombaient des raies compactes de
lumière d'or. Le soleil avait des jambes, comme disent
les marins, et c'était mauvais signe. Déjà la mer s'assom-
brissait, se creusait, couverte de houppettes blanches qui
éclataient à perte de vue, tandis que des glacis s'allu-
maient et s'éteignaient au penchant des vagues.
L'horizon obscurci se fermait comme une muraille au
pied de laquelle l'océan se détachait en champ clair sur
lequel roulait déjà la tempête.

En hâte les pêcheurs embarquent les filets, amarrent
les canots au cul des sloops et tiennent la cape pour
réduire leur voilure qui fouette à grands coups secs. Et
les barques si fières au port, si énormes au chantier, si
colorées dans le soleil, cahotent et gémissent, pauvres
petites choses noires que la mer bouscule aveuglément,
et sur lesquelles des hommes cramponnés s'agitent.

D'instant en instant le vent force, s'amplifie au
point de devenir palpable bien qu'invisible. Il a du poids
et siffle. Il pèse sur les poitrines, assourdit l'oreille et,
comme à la main, écrête les vagues pour emporter dans
sa course de l'écume et du sel.

Aux bas ris les sloops évitent vent arrière et fuient
vers l'île dont le phare du Pilier repère la position. Les

mâts, dressés hauts par-dessus les voiles, geignent en
ployant, les palans crient, les haubans raidissent par
secousses et les barques déboulent en poussées succes-
sives les vallonnements de la mer. Elles fuient, parfois
déjaugées de l'avant, montrant la quille et leurs dessous
brillants de coaltar; parfois tombant au creux d'une
montagne d'eau qui masque l'horizon. Elles fuient,
poursuivies sans cesse par les vagues innombrables qui
les gagnent, déferlent sur les tableaux, envahissent les
ponts où des ruisseaux hésitent, les enlèvent à pleins
dos, s'effacent devant d'autres, qui accourent, gonflées,
baveuses, heurtent les arrières et passent, pour être
remplacées par d'autres encore, aussi méchantes, aussi
énormes. Au roulis le coin trempé des grand'voiles
monte alternativement dans le ciel et s'abat dans la
mer. A bout de bosses, les canots, précipités ou retenus
par une lame, mollissent et tendent tour à tour leurs
amarres en menaçant de les rompre. L'écume vole et
l'embrun fouette en cinglant.

Arc-bouté sur sa barre, calé dans un trou, ras le pont,
l'homme veille, les yeux petits, la trogne en avant, le dos
rond sous la bourrasque. C'est tout un troupeau de voiles
minuscules, bleues, blanches et rousses, repoussé du large,
chassé au ras des flots, presque aussi vite que cette fumée
de nuage que le vent emporte follement sous le ciel obscur.

54

Le *Dépit des Envieux* double le premier la pointe blanche de la Corbière, à l'abri de laquelle la mer brisée devient plus maniable.

Le *Laissez-les dire* le serre avec l'intention évidente de lui couper la route. Mais Coët approche gaillardement les roches, malgré le ressac, pour empêcher l'adversaire de passer au vent. Les deux sloops naviguent dans les brisants, le bout-dehors du second aiguillonnant le premier. Ils semblent à la merci d'une vague qui les culbuterait l'un sur l'autre. A la barre les hommes gouvernent comme des dieux.

Il y a des femmes sur la jetée, une main à leur coiffe, l'autre agrippée au garde-fou. Coët vire la balise rouge et vient casser son erre dans le port où les rafales, enjambant la digue, soulèvent des plaques de frisures. Soudain, derrière lui, Perchais aborde lourdement son canot. Les deux patrons se toisent de toutes leurs faces où les yeux surtout vivent, méchamment.

Le soir Julien Perchais s'en fut chez Zacharie. Il avait besoin de boire pour avaler sa défaite, de crier pour apaiser la colère qui bouillonnait dans le coffre de son thorax. Tous les mécontents étaient là : les deux Aquenette, Gaud, Izacar le mareyeur, Viel le riche, Olichon, des gars à Piron et le père Piron lui-même qui flairait quelques tournées à l'œil. La fille à Zacharie,

avec un chignon en casque et une robe légère, remplissait les verres d'eau-de-vie blanche en penchant sa forte poitrine au ras des visages. Mais les hommes qui aimaient à la flatter d'habitude, avec des regards équivoques, l'ignoraient, le front lourd de soucis, l'œil fixe.

Dehors la mer tumultueuse occupait toute la nuit et le vent secouait les portes comme un hôte oublié. Sous la lampe, les pêcheurs faisaient le gros dos, serrant près à près les vareuses festonnées de blanc par les dépôts salins, et leurs rudes trognes sauries où brasillaient les prunelles. La conversation était sourde comme un complot. Mais si quelqu'un avançait que le *Dépit des Envieux* naviguait bien au plus près, Perchais hurlait :

— Du bois neuf, pardi! c'est léger comme un bouchon!

Et si une autre voix signalait sa rentrée le premier, vent arrière, il lançait à nouveau :

— Un sabot! une charrette! tout fout l'camp aux allures portantes!

Douze fois la fille de Zacharie remplit les verres. L'alcool ensanglantait les visages, soulevait les bras en menace dans la fumée des pipes. La haine commune entretenait l'entente et lorsque la femme de Perchais emmena son homme de force, les pêcheurs se disper-

56

sèrent, sans se battre, dans les ténèbres compactes où criait la mer.

Deux jours plus tard, à son mouillage, le *Dépit des Envieux* échoua sur un grappin qui lui creva le ventre; le lendemain des cailloux lui entraient au flanc. Coët comprit que des vengeances imbéciles et féroces le traquaient et s'acharnaient bassement contre sa barque. Il fallait faire tête sans insolence, mais avec dédain; et la satisfaction d'avoir à lutter sans merci excita ses nerfs, gonfla ses muscles, dilata sa poitrine, bandant tout son être fort dans un désir d'expansion victorieuse, à la fois sauvage et meurtrière.

Léon fut désigné pour coucher à bord, de quoi il s'accommoda joyeusement en songeant à Louise. Leurs rendez-vous quotidiens trouvaient un abri confortable, et dès qu'il eut commencé sa garde, Léon vint chaque soir à la jetée chercher la fille, avec son canot.

Le port est infiniment calme dans les nuits de beau temps. Sur l'eau noire qui semble opaque et sans profondeur, les chaloupes doublées par l'ombre sont à ce point immobiles et hautes, qu'on s'étonne de les voir remuer quand on les accoste trop rudement. La pointe des mâts monte parmi les étoiles. Quand on les touche, on sent les cordages, les ponts et les voiles suer à grosses gouttes. Le canot qu'on pousse à la godille paraît filer

très vite dans des ruelles entre les barques, glisser sans effort sur quoi? Pas de remous, pas de sillage, pas de lueur, pas de bruit; c'est la mer pourtant, mais alourdie de ténèbres; et lorsqu'on aborde la digue, immense au-dessus de la tête, on a l'impression douloureuse de ne pouvoir jamais aller au delà.

Quelquefois, cependant, la mer s'allume au passage du canot, se trousse en minces bourrelets de cristal bleu et déploie à l'arrière un éventail de pierres précieuses où opales, turquoises et lazulites jonglent autour de l'aviron, éclatent, s'éteignent, sombrent, rejaillissent et meurent à l'air dès qu'on les soulève avec la rame comme une pelletée de lumière.

Les nuits de lune sont moins vastes que les nuits obscures, parce qu'on voit un horizon, les plages blanches, les maisons blanches, l'eau glacée, le troupeau des sloops à la chaîne et la digue limitée, blanche aussi, et l'océan désert mais révélé par son mirage pâle, si délicat! Le vague et l'infini des éléments disparaissent avec la lune, parce qu'il y a un paysage, imprécis à vrai dire et fantastique à cause de l'amplification des choses par les ombres. Mais le calme est pareil, plus rêveur et moins effrayant, plus humain et qui sollicite le cœur mieux qu'une musique ou un poème.

A l'échelle, Léon appelait doucement et attendait la

Louise qui, brusquement, apparue là-haut, s'affalait pieds nus le long des échelons. Le gars la recevait à pleins bras, la chatouillait pour rire un brin, puis ils débordaient en silence.

Sitôt enfermés sous le rouf aux moiteurs saumâtres, ils s'étreignaient à tâtons, ce qui donnait lieu à de drôles de méprises. Elle était imprégnée des fadeurs de l'huile brassée toute la journée; il sentait aigrement la sardine.

Leurs mains rudes et leurs jeunes corps s'enlaçaient avec une belle force animale qui ployait et faisait craquer leurs membres. Le varech des paillasses grésillait sous eux à menu bruit; la barque close sommeillait discrètement sur l'eau muette.

Au petit jour la Louise s'échappait et rentrait à la masure familiale, au risque d'attraper la raclée. Elle avait d'ailleurs trouvé le moyen d'éviter les coups de son père; sa mère n'était pas dangereuse, molle et alourdie par une perpétuelle grossesse. Le samedi, malgré les menaces, elle gardait les deux tiers de sa paye et, durant la semaine, elle achetait, à l'occasion, la grâce d'une volée.

— Touche-moi pas, t'auras dix sous!

Et le père Piron, qui préférait encore cinq gouttes au plaisir de battre sa fille, se calmait, empochait la pièce et descendait chez Zacharie. Mais le vieux était vif, Louise

gourgandine, et ses économies ne la menaient pas toujours jusqu'au samedi; alors elle n'avait plus qu'à garer son derrière.

Depuis qu'un homme veillait à bord, le *Dépit des Envieux* échouait à l'aise, sur le sable, ses beaux flancs intacts. La pêche marchait à souhait et Coët, toujours le premier parti, le premier revenu, faisait de rudes journées. Il se tenait à l'écart, en famille, mêlé le moins possible au village qui s'échauffait à l'approche des régates. Des menaces lui frappaient encore les oreilles, de temps à autre, au passage. Mais brusquement la haine fut suspendue et l'attention détournée quand les Sablais parurent sur la mer bretonne.

La sardine venait de monter à terre, jusqu'à l'entrée de la Loire, entraînant les barques où les hommes affamés sont en arme.

La mer s'était couverte de voiles rousses, vertes, jaunes, bleues, éclatantes dans le grand soleil de l'été, de voiles décolorées, roses ou réséda, de voiles si lourdement teintées de cachou qu'elles pesaient comme des tours sur les coques minces. Les petits ports de la côte furent envahis. Les sloops s'entassèrent à quai, flancs contre flancs, si étroitement qu'on entendait craquer leur ossature aux basses mers de la nuit; et des troupeaux entiers demeuraient sur rade, à rêver,

60

comme de poétiques fantômes, le mât dans les étoiles.

La sardine tomba du coup à vil prix. Les barques rentraient à morte-charge et si nombreuses que, des usines, les refus partirent d'une seule voix, tandis que la concurrence amenait les marchés de misère. L'exploitation s'organisa automatiquement, et un tour de vis fit crier ces hommes accourus, les boyaux vides, au seul endroit où ils espéraient manger.

Le premier soir, quinze Sablais vinrent à l'Herbaudière offrir la sardine à cinq francs. L'usine Rochefortaise et Préval l'obtinrent à quatre francs du mille, mais les matelots n'eurent pas le temps de la porter au village. Déjà les gars du pays escaladaient la jetée par les cales, les échelles; de grosses chenilles humaines rampaient à pic le long du granit; les équipages accostaient à force d'avirons et dans un grand tumulte de galoches et de cris les Noirmoutrains tombèrent sur les Sablais.

Ce fut une mêlée de vareuses, de salopettes bleues, où vibrait le retroussis rouge des caleçons. Des poings s'enlevaient au-dessus des faces brique qui roulaient sur les fortes épaules. Des sabots lancés rasaient les groupes et les paniers volaient sans répit, lâchant une pluie d'argent et jonchant le sol de sardines blanches. Le sel écrasé crépitait sur la digue maculée de sang. Un mousse jeté à l'eau regagnait son bord à la nage. On vit

Perchais culbuter une civière chargée de poissons par-dessus le garde-fou, Double Nerf brandir un aviron brisé, et, derrière leurs hommes, les femmes aboyer après les Sablais, sans songer aux épouses qui vivaient à crédit dans l'attente.

— A l'eau! buveurs de sang! fils de putains! voleurs! A l'eau! à l'eau!...

Les malheureux n'eurent que le temps de courir aux canots, et de rallier leurs sloops à toute godille, traqués par ces hommes qui étaient des pêcheurs comme eux, misérables comme eux, et sauvages comme ils le deviendraient eux-mêmes pour défendre leur pain quotidien.

Tout l'Herbaudière était sur la jetée en rumeur. Le brigadier Bernard prononçait des paroles de paix, après la bagarre, indulgent encore pour ses pays :

— Qu'est-ce que vous voulez! on est chez nous, pas vrai!... Faut pas qu'ils y viennent, voilà tout!...

— Y a donc pus d'poissons chez eux qu'ils arrivent fouiller not'mer! grognait le patron du *Brin d'Amour.*

Et, à la pointe de la jetée, près de la cloche de brume, Perchais, la casquette en arrière, les poings tendus, déchargeait des menaces :

— Et d'la route, nom de Dieu! Foutez-moi l'camp!

Les sloops, mouillés dans le chenal, dérapaient leur

ancre, reprenaient la mer lentement, comme à regret, et s'éloignaient en silence du côté du soleil qui se couchait rouge au large incendié. Ils s'en allaient sur l'océan calme, plus clément que les hommes, où ils attendraient d'être encore une fois chassés de terre le lendemain.

Coët ne s'était point mêlé de l'affaire. Tranquillement, son canot échoué sur la plage, il avait porté sa pêche chez Préval, pendant la lutte. Mais la Gaude qui descendait au port, attirée par le vacarme, l'avait vu rentrer à l'usine, et maintenant, sur la digue, elle s'agitait parmi les coiffes et les bérets, en bousculant les hommes :

— Vous êtes là comme des sots à feignanter ! y a longtemps que Coët a vendu sa pêche !

Les gars avaient oublié le poisson et poursuivaient d'un œil dur les grandes barques qui s'évadaient sur la mer ardente. Le souvenir de Coët les exaspéra. La colère s'enfla vers le *Dépit des Envieux*, immobile sur son corps-mort, la voilure amenée, alors que les autres sloops avaient encore leurs voiles hautes, et le Nain proféra :

— Coët est un traître ! mais son tour viendra !

Dans la foule, Zacharie l'aubergiste semait des conseils, proposant une démarche collective aux usines, pour exiger qu'il ne soit jamais rien acheté aux Sablais, sous peine de grève. Perchais et les Aquenette décidèrent le mouvement. La cohue se retourna et remonta au

village où descendaient les filles curieuses en sabotant.

Le soir tombait lentement, et, en même temps que le jour, la mer se retirait, échouant les barques encore voilées, les canots pleins de sardines, tandis que le jusant emportait au large des paniers dont l'anse émergeait parmi les menus reflets d'argent qui dérivaient par milliers.

Le tumulte roula par les rues, jusqu'au noir qui entassa les pêcheurs au *XX*e *Siècle*, où Zacharie débita de l'alcool par litre. Les tablées étaient comme des grappes qui remuaient d'une seule pièce en grondant. Les jurons occupaient les bouches, et les verres au cul massif gonflaient les poings. En vain des femmes tentèrent de rentrer leurs hommes. Très avant dans la nuit calme, la lampe rougit le cabaret, et les gueuleries passèrent sur le village.

Chez elle, Marie-Jeanne tremblait à la veillée, dans la grande chambre où luisaient les meubles propres. Urbain l'exhorta :

— Crains rien, va, ils font plus d'bruit que d'besogne !

— Il nous arrivera malheur tout de même, on nous déteste trop...

— Tant mieux, c'est ça qui donne du courage !

Urbain parlait rageusement dans l'exaspération de sa

64

volonté butée. Il citait son père qui risqua sa vie pour sauver l'équipage norvégien : un Coët n'avait jamais reculé! Et blâmant ces braillards qui gâchaient leur temps et leur argent, il ajouta :

— C'est jaloux! ça travaille seulement point!

Il travaillait tant, lui, pour satisfaire son ambition, pour arriver à posséder plusieurs barques et du bien en terre comme Viel le riche, et s'assurer, avec sa retraite, une vieillesse paisible. Et près de la lampe basse où il fabriquait du filet sans relâche, ses mains s'activaient, faisant craquer le fil, tandis que la crispation de ses sourcils fermait définitivement son front têtu.

Marie-Jeanne l'admirait et reprenait confiance devant la puissance sûre de ses muscles et l'obstination formidable de ce vouloir. A côté d'elle, dans la pièce voisine, les enfants dormaient en ronflant doucement; elle savait que Léon veillait à bord du sloop; et cette régularité coutumière de la vie quotidienne lui rassura le cœur.

Le lendemain de la bagarre, six gendarmes et un brigadier arrivèrent à bicyclette. On les logea par trois dans chaque usine, et le brigadier s'installa chez Zacharie. Les marins les virent sur la jetée en rentrant; deux pêchaient le mulet à la turlutte sur les conseils des douaniers; les autres fumaient des pipes, assis les jambes pendantes, ou appuyés au garde-fou.

65

La soirée fut calme, bien qu'un grand sloop des Sables, malavisé, vînt accoster la cale au coude de la jetée.

Cinquante gaillards armés de triques l'accueillirent.

A cause des vociférations, il fallut du temps pour comprendre que les Sablais imploraient seulement du pain. Le patron, un haut gars aux traits coupants, élevait à bout de bras une pièce blanche. Un gendarme apporta une miche, puis, d'un seul effort, à la pointe des gaffes, les hommes repoussèrent la barque. Elle évita dans un geste arrondi de sa grand'voile, et sur ses fargues on lut, comme une dérision, le nom formidable de *Danton*.

Avec le temps, les esprits s'apaisèrent. Les Sablais demeuraient sur les bancs et gagnaient, au soir, la côte bretonne ou cédaient leur poisson aux vapeurs qui font le marché sur les lieux de pêche.

Le mois d'août continuait juillet sans transition. Chaque matin, le même soleil d'or montait de l'est, jusqu'au zénith, pour retomber sans hâte, rouge, puis écarlate, dans l'océan que l'on s'étonnait de ne pas voir bouillonner en l'éteignant.

Les barques envolées à l'aube sur la mer smaragdine rentraient tard sur un flot vermeil, marié au ciel à l'horizon.

C'était le va-et-vient quotidien du large à l'île, la pêche, la vente, le séchage des filets bleus qui flottent au long des mâts, comme des mousselines, autour du lourd chapelet des lièges. C'était la vie, redevenue monotone au village qu'anime, deux fois le jour, la cloche des usines à la sortie des filles aux yeux hardis. Et les rivalités ressaisissaient les hommes lâchés par les haines étrangères.

On avait sans doute oublié de rappeler les gendarmes qui restaient là, faisaient la partie chez Zacharie, discouraient et fumaient avec les vieux derrière l'abri du canot de sauvetage, pêchaient à la ligne, enseignant la bicyclette aux gamins après l'école, et, à la nuit close, allaient causer un brin avec les jeunesses dans les dunes de la Corbière.

Cependant une activité singulière remuait les équipages. Le temps des régates approchait comme une Pâque et les grands sloops lavaient leurs robes et revêtaient des grand'voiles neuves, blanches comme du lin. Les ponts rajeunissaient sous la brique et les coques, lissées à la gratte, luisaient de black frais. A l'auberge, on se sentait les coudes en des conciliabules sourds et défiants.

Ce fut l'époque où Coët teignit sa voilure en rouge avec son grand flèche carré qui éclata, comme un éten-

dard, au sommet de la mâture. Perchais en sauta ainsi qu'un taureau, croyant au défi. Et la main sur le verre, on l'entendit jurer au *XXᵉ Siècle :*

— Si je mange pas Coët aux régates, j'suis pas un homme !

IV

IL avait venté toute la nuit, une bonne petite brise d'ouest qui passait amicalement, comme une main frissonnante, sur le dos des maisons endormies, et agitait la crécelle installée par le brigadier Bernard dans son potager pour effrayer les oiseaux. Toute la nuit, cette cliquette avait battu nerveusement dans le village silencieux, au-dessus du bruit doux de la mer.

Le matin il venta plus sec quand le soleil parut. Le ciel n'avait pas cette profondeur bleue des beaux jours d'été où l'azur est dense et coloré comme un autre océan; il se développait, ainsi qu'une gaze blanchâtre et lumineuse, dont les plis pesaient en brume sur l'horizon.

C'était le grand jour des régates. A regret la mer baissait sur la plage d'or, tandis que les dos goémoneux des roches commençaient à émerger le long du chenal, luisants comme des carapaces de tortues marines qui auraient dormi à fleur d'eau.

Les sloops appareillaient sans hâte. Sur la digue ramageaient les vareuses propres, les caracos clairs, les bonnets blancs, les foulards vert tendre, roses et groseille. Les mousses embarquaient des ballots de voiles

qui sentaient la cotonnade et le goudron. On criait, on s'appelait, on riait. Les vieilles barbes disaient l'avenir de la journée; les filles s'esclaffaient à toute gorge et jacassaient d'une voix pointue; les hommes plaisantaient avec défi et leurs paroles clamaient la lutte.

— Beau temps pour s'aligner, les gars !

— Et de la brise au flot, que j'pense, à souquer la toile !

Le *Secours de ma vie* débordait avec la Gaude en sabots blancs et en jupons courts, la poitrine magnifique dans le corsage écarlate. Chargé d'hommes recrutés pour la manœuvre, le *Laissez-les dire* sortit sous la main de Perchais. Puis, ce fut l'*Aimable Clara* où Double Nerf exhibait ses glorieux biceps, parmi l'équipage qui chantait en vidant bouteilles :

> Il faut les voir tous ces jolis garçons,
> Quand ils s'en vont tout habillés de blanc !...
> Il faut les voir tous ces jolis garçons,
> Quand ils s'en vont tout habillés de blanc !...

Sans éclat, Urbain Coët glissa dans le sillage de la chanson qui sonnait sur le cristal des eaux calmes. D'autres chœurs s'enlevaient sur d'autres barques. Les sloops prenaient la file le long de la terre blonde ; et déjà la rade de la Chaise apparaissait peuplée de voiles, sous le grand bois de chênes poussé dans la falaise.

Les barques arrivent, décrivent d'un coup d'aile un
demi-cercle dont la trace persiste, et, leur aire cassée,
glissent encore, s'arrêtent, les voiles inertes, comme on
meurt après un dernier soupir. Ce sont les chaloupes de
l'Epoids, noires et rondes, aux voiles cambrées; les
Pornicaises peintes et les cotres des Sables, puissants près
des Noirmoutrains aux culs grêles; ce sont des Bretons,
ténébreux, dressant haut leurs deux mâts sans haubans,
comme des pieux; et puis des yachts, aux coques glacées,
aux ponts blancs éclairés de cuivres; des régatiers
fuselés, ras l'eau comme des pirogues, dominés d'effa-
rantes voilures. Des canots, des youyous circulent. Les
ancres mouillent avec fracas, les poulies chantent en
plaintes rythmiques; des voix hèlent des voix; des
chansons, des rires, des jurons passent. C'est tout un
tumulte sans violence, dilué dans l'air immense, amorti
par l'eau; un mouvement joyeux qui occupe l'adresse et
la force des hommes; une cohue d'embarcations actives;
ce sont des maillots bleus, des pantalons blancs, des
éclats de vernis, de ripolin, et sur la mer les reflets verts,
jaunes, rouges des grand'voiles éployées dans le soleil.
Vision magnifique de la vie expansive, lumineuse, avec
la mer qui palpite comme une poitrine, avec les gros
bouquets de chênes qui poussent vers le ciel toute la
fécondité d'une terre, avec les barques qui sont des êtres

de lutte et de misère, avec les hommes vigoureux et souples, entraînés pour vaincre.

Le vent du large roulait à la cime du bois en la faisant vivre au-dessus de l'estacade qui se chargeait de monde au point de paraître ployer. Des toilettes claires remuaient sur le remblai avec la houle légère des ombrelles. Il y avait des équipages sous la voûte de la grande allée, près des ânes de louage qui attendaient patiemment en écrasant leur crottin.

Les trois Goustan étaient là, accotés au garde-fou. Couronné d'un feutre noir, la boutonnière adornée du ruban tricolore, grand-père exhibait des breloques d'argent sur son ventre creux. Les gars, en chapeaux de paille et en manchettes, l'encadraient, et, à chaque poignée de main, ils entonnaient d'une seule voix :

— Vous l'avez vu?...

— Quoi?...

— Not'bateau, l'dernier qu'on a fait?... Tenez, là-bas, près du breton, le grand sloop bleu... Oui, là... Dame! c'est d'la belle ouvrage, et ça marche que l'diable!... Il va rafler tous les prix!

Le *Dépit des Envieux* oscillait doucement de son grand mât avec des airs calmes et entendus, tandis que son long bout-dehors encensait sur les houles mortes. Une femme embarquait dans le canot accosté; des

72

enfants furent passés à bout de bras; et un homme nagea vers l'estacade où Louise Piron attendait la Marie-Jeanne.

Extasiés devant leur œuvre, les Goustan poursuivaient ingénument leur réclame admirative, et François affirmait qu'il n'y avait jamais eu à flot meilleur bateau, qu'il courait plus vite que le train, et que, vent arrière, c'est point le vapeur qui le rattraperait!

Par instant on entendait grincer la crécelle des loteries où tournent des pyramides de vaisselle devant la convoitise des amoureux qui rêvent de ménage. Les pétards de la tête de turc éclataient coup sur coup en proclamant la force des gars. Les rires se mêlaient aux cris; la joie montait dans le soleil, avec une poussière blonde, au-dessus de la foule agitée d'une grosse rumeur sans piétinement, parce que le sable mangeait le bruit des pas.

Louchon le facteur, efflanqué sous la blouse, flânait en compagnie du ventre de Zacharie. Des gaillards déambulaient vers le bois, un litre sous chaque bras et des charcuteries dépassant la poche. Malchaussé, qui avait construit hier l'estrade du jury et planté six mâts, circulait affairé, en bras de chemise, suivi d'un compagnon, la masse à l'épaule.

Sous la tente, les autorités braquaient des jumelles. Autour du fort Saint-Pierre où l'artificier bourrait les

73

mortiers, deux gendarmes contenaient les galopins.

Brusquement, un coup de canon fixa la foule. Le remblai mouvant se retourna d'une pièce vers la mer. Un grand drapeau tricolore descendait paisiblement d'un mât et une petite fumée s'enlevait jusqu'à la crête du bois où le vent l'emporta.

Des youyous, des plates débordent de partout, chargés de gars robustes qui montrent leur poitrine et des bras nus bleuis de tatouages. Les peaux basanées, fermes sur les muscles durs, les gueules barbues, rutilantes, les poings massifs, les reins sanglés grouillent tumultueusement sur les pilotis, les échelles et dans les canots secoués par le flot vif. On chante, on jure, on s'interpelle. Des casquettes sont brandies et des litres vidés à même le goulot. Et sur tout cela du soleil à profusion, une atmosphère lumineuse et chaude qui excite encore la vie déchaînée sur cette mer transparente, féconde et gonflée, vivante aussi.

Déjà les yachts croisent sous voiles, blancs fuseaux qui emmêlent leurs sillages autour des chaloupes. Les grands portent haut toute leur voilure, étarquée à bloc et si plate qu'elle se confond avec le mât aux virements de bord ; les petits ont serré de la toile parce qu'il vente toujours sec hors de l'abri du bois. Ils évoluent sûrement, prestement, inclinés sous une rafale, puis redressés avec

74

lenteur, courant sur leur erre les voiles battantes, ou fuyant vent arrière, la mâture ployée en avant. Couchés sur leur pont pour diminuer la résistance, les hommes immobiles ont par intervalle des gestes forts, précis, mécaniques, qui changent d'un coup l'allure du bateau. L'âme des hommes et l'âme des barques est maintenant la même. Leur sang bat au delà de leurs artères, jusqu'au fond de la quille tranchante, jusqu'au sommet du flèche tendu. Leurs muscles travaillent dans le gréement qui crie. Ils évoluent avec la barque, penchent, roulent, gémissent avec elle. Il n'y a plus qu'un être vivant, puissant, aux multiples yeux contractés d'attention, qui se meut pour la lutte parfois meurtrière, toujours sans merci.

Un coup de canon!

La fanfare en location déchaîne ses cuivres dans une *Marseillaise* vigoureuse. Au fort Saint-Pierre le drapeau est amené. Les grands yachts coupent la ligne, en paquet, et courent au large dans le ballonnement lumineux de leur voilure, vers l'est où paraît le point noir de la bouée. Le ciel est toujours d'une blancheur brumeuse, à peine brouillée d'azur; la mer vert émeraude, hachée de traits d'écume.

En tête on reconnaît les deux hautes silhouettes du *Mab* et de l'*Elga*. Successivement les bateaux de plai-

sance partent en séries distinguées par un guidon qui
bat à leur grand'voile. Des barques à moteur jouent sur
rade ou suivent les petits régatiers qui fuient la côte,
comme des mouches d'eau légères et imprudentes.

Maintenant les rudes chaloupes restent seules,
mouillées en rang par le travers. Les Sablais sont en
avant et derrière eux s'alignent les Noirmoutrains avec
la coque blanche du *Laissez-les dire* en tête de file.
Depuis le matin, Perchais monte la garde à son bord
pour empêcher son concurrent de lui voler sa place.
Puis viennent le *Secours de ma vie* avec sa large
ceinture d'ocre rouge, le *Bon Pasteur* noir et blanc,
l'*Aimable Clara* vert et rouge où Double Nerf mène un
chœur de forcenés; puis le *Dépit des Envieux*, calme
dans sa robe bleu pâle rehaussée d'outre-mer; puis les
coques grises du *Brin d'amour*, du *Bec salé* et d'autres,
l'*Espoir en Dieu*, le *Vas-y j'en viens*, l'*Étendard du
Christ*, et d'autres encore aux couleurs vives, luisant
sous l'arrosage des vagues qui les roulent en raidissant
leurs amarres tirées brusquement de l'eau avec un bruit
strident d'aspiration.

Les mâtures oscillent avec ensemble. Les hommes
sont à leur poste, pendus aux drisses, la tête nue, immobile dans le vent. Une impatience fébrile exaspère les
plus modérés. Les secousses des barques se répercutent

76

dans leur thorax où le cœur saute. Des ordres, des jurons brefs partent comme des balles. On voit le caraco rouge de la Gaude flamber sur le *Secours de ma vie* et la stature de Perchais dominer pesamment l'arrière de son bateau. Les regards mangent la terre, dans l'attente du signal, et sur toute la chaîne des sloops, un grand souffle de force brute gonfle à éclater les poitrines et les coques.

Un coup de canon !

— Ho hisse ! Ho hisse !... Hardi, p'tit gars ! Ho hisse !...

Par grandes pesées, les lourdes voilures s'enlèvent, flasques, loqueteuses, puis éployées brusquement, arrachent les barques du mouillage. Les palans forcés geignent de douleur. Les hommes, accrochés par grappes, étarquent à coups de reins. Et les voiles se tendent, s'aplatissent, crispant leurs empointures, tandis que les hommes se ruent sans cesse à grands cris.

— Hardi, garçon !... Ho hisse ! Ho hisse !...

Le *Bon Pasteur* tombe sur l'*Aimable Clara* et les deux Aquenette s'insultent sauvagement, bord à bord. Il n'y a plus de frères, mais des ennemis qui gesticulent comme des singes fous. Soudain le foc du *Vas-y j'en viens* se fend du haut en bas et s'envole en guenilles.

Au large les yachts virent la bouée de la Vendette et

courent au plus près sur Pierre-Moine. Les Sablais
endiablés filent sur la même route, et tout de suite après
s'avancent parallèlement la voilure bleue du *Laissez-les
dire*, la voilure rousse du *Dépit des Envieux*.

Les deux sloops ont appareillé aussi promptement
l'un que l'autre et pris ensemble la tête de leur série.
Malgré la forte brise, ils établissent chacun leur flèche,
téméraires et se défiant dans leur marche de front. A
bord, les équipages à plat ventre guettent silencieusement
les manœuvres réciproques. Urbain Coët est agrippé à
sa barre, petit, ramassé, la face au vent, les regards
sautillant de la barque à la bouée. Perchais au contraire
est rejeté en arrière, la poitrine largement développée, la
casquette sur les yeux et des deux mains il s'arc-boute à
une barre neuve.

Sur l'estacade la Marie-Jeanne a retrouvé le père
Couillaud et ses deux sœurs. Elles sont assises, avec
leurs enfants entre elles, les jambes pendantes au-dessus
de l'eau qui forme et déforme inlassablement des lacis
d'ombre et de lumière, dans les pilotis, au-dessous d'elles.
Les taches mobiles s'étendent, se rétrécissent, se pénètrent,
se divisent, animées d'un mouvement amiboïde qui fait
ressembler ce coin de mer à une nappe grouillante de
cellules vives. Les trois femmes bavardent aigrement,
poussent des cris par intervalle en désignant le large

78

où les voilures multicolores se poursuivent avec acharnement.

— R'garde, r'garde!... à la bouée!... ils virent!

— Mais c'est Perchais qu'est d'vant!

— Ah! j'pense ben!

— Mais pisque j'te l'dis! Tu vois donc point qu'c'est des voiles bleues!

— Ah! dame oui!... L'fils d'vesse il s'a fait dépasser.

— C'est-il du malheur tot d'même!...

François Goustan arrive à la course, braque une jumelle cuivreuse, jure et appelle son frère :

— Théodore! Viens donc ben vite!... C'est Perchais qu'est l'premier!

La consternation est générale. Là-bas, le grand flèche rouge du *Dépit des Envieux* apparaît tout ensoleillé derrière la pyramide bleue du *Laissez-les dire.* Coët est gagné de cinquante mètres; mais pour atteindre Pierre-Moine il faut naviguer au près, et déjà s'affirme la supériorité de la barque neuve qui s'élève au vent sans perdre de vitesse.

Sur l'estacade François, la lorgnette aux yeux, jette comme s'il donnait un coup de dent :

— C'te fois il l'bouffe!

Les grands yachts commencent leur second tour, filant droit, sans tanguer presque et passant au travers

des vagues qu'ils ouvrent comme un soc. L'eau ruisselle
sur les ponts de bout en bout, claque les hiloires et
s'enlève parfois d'un bond au creux des focs qui, cernés
d'humidité, s'égouttent entre les douches. L'embrun
trempe les hommes cramponnés à ces coques submergées
où ils manœuvrent, les bras dans l'eau. Quand la mer
est grosse, les régates sont de terribles luttes.

L'*Elga* vire le premier, vent arrière, la bouée de la
rade et soudain, dans le changement brutal de la
grand'voile, un homme est empoigné en plein torse,
culbuté à la mer. Le cri de l'équipage roule jusqu'au
Bois. Dans le sillage, des bras et une tête se débattent,
mais le patron commande :

— Tout le monde à son poste ! Les suivants le
ramasseront !

Et c'est le *Mab* qui, au passage, casse son erre,
cueille l'épave humaine et continue la course. L'*Elga* fuit
toujours, cent mètres en avant, implacable. La pitié
acquise au cours des siècles s'est effacée du cœur des
hommes ; il n'y a plus que la bête de combat, meurtrière.
A bord des yachts élégants et des chaloupes frustes,
l'animal est le même, et la passion de vaincre son
semblable, réveillée aussi formidablement chez l'un que
chez l'autre, fait éclater d'un coup, à la chaleur du sang,
le vernis des éducations.

Bord sur bord, au louvoyage, Coët a gagné Perchais. Mais le *Dépit des Envieux* double trop largement la bouée de Pierre-Moine et Perchais en profite pour essayer de passer sous lui. Les deux équipages se guettent de tous leurs yeux, écoutes en main, prêts à virer à l'ordre. D'une poussée, le *Laissez-les dire* s'engage sous le concurrent. Quelques brasses séparent les sloops, et la grande ombre du *Dépit des Envieux* s'abat soudain sur le *Laissez-les dire* en masquant à la fois le soleil et le vent. La voilure de Perchais faseye ; sa barque se redresse, tangue, perd sa vitesse. Il porte la barre au vent et hurle :

— Envoyez !... File les focs ! file !

Les écoutes battent le pont à coups secs, les voiles claquent comme des tentures, mais le sloop étalé incline à peine sur babord. Il est trop tard. Le *Dépit des Envieux* déploie son abattée, les focs portant plein, et tombe d'une masse sur le *Laissez-les dire*. Coët n'a rien fait pour éviter la collision : Perchais est dans son tort et lui devait la place.

Les deux barques se heurtent. La mer bouillonne un instant entre elles et rejaillit en gerbe. Une secousse, un craquement. Le bout dehors rompu du *Laissez-les dire* tombe à la mer en entraînant le foc.

— Nom de Dieu de nom de Dieu !

Perchais s'est dressé tout debout, énorme et sacrant; et, comme à un signal, son équipage bondit à l'abordage en hurlant des injures. C'est un assaut forcené dans un tumulte de vociférations, une ruée à la course, tête première, que les matelots de Coët reçoivent comme il convient, à coups de poings.

— A mort!... salauds!... à la mer! à la mer!...

Des bras, des épaules, des cous formidables s'agitent au-dessus des maillots. Les coques sonnent sous le galop de la lutte, s'enlèvent aux vagues, s'écorchent. Des hommes roulent en bas, le thorax enfoncé; un Piron étouffe un David; Léon mord une oreille; du sang rougit le pont; et brusquement une lame fend la grand'voile du *Dépit des Envieux* qui siffle en se déchirant.

A la pointe de l'estacade, l'énervement remue la foule tassée entre les garde-fous. Il y a là toutes les femmes des combattants, Malchaussé, Louchon, Labosse le douanier, Zacharie, le brigadier Bernard et les trois Goustan.

La lorgnette braquée sur Pierre-Moine, François crie ses observations à l'assistance.

— Ils s'abordent!

— Le foc du *Dépit des Envieux* est à l'eau!

— Non c'est çui de Perchais! un foc bleu!

— Ils s'battent, nom de Dieu! ils s'battent!

— Perchais devait virer au large de Coët !... Urbain est dans son droit !

Mais la Perchais jette rageusement :

— Il a toujours raison c'te fils d' vesse ! On passe où on peut !

— Pourquoi qu'y a des règlements alors, rétorque sévèrement le brigadier Bernard.

— Pasqu'y a d' malhonnêtes gens... fait la Marie-Jeanne, sans ça...

— Qu'est-ce qui lui parle à c'te putain !

— T'u rages pasque ton homme s'a fait battre !

— Ben sûr ! Perchais a trouvé son maître, d'puis l' temps qui crânait !

— Coët est dans son droit !

— Perchais s'a foutu en travers en exprès !

— Menteur !

— De quoi !

Les vieilles chaînes qui enserrent la foule font le ventre ; l'estacade paraît osciller comme un navire, tant les coiffes et les chapeaux houlent tumultueusement. Les partis se divisent, la dispute s'envenime et de terre le public accourt vers les cris. L'arrivée des plaisances passe dans l'indifférence malgré le canon. Tout l'intérêt est là-bas, dans ces deux grands sloops embrochés au large, et sur lesquels des hommes se hachent.

— Coët se dégage!... Il part! il part!...

Alors, le père Couillaud, qui se triture le nez avec ses prises depuis le commencement des régates, émet une sentence aux oreilles de sa fille.

— Ton homme est ostiné, c'est vaillant!

Maintenant le *Dépit des Envieux* se détache seul devant son abordeur. Lentement sa haute voilure se charge de vent, s'incline, d'un effort répercuté dans les nerfs tendus des spectateurs, qui mesurent avidement la distance croissante entre les deux barques. Le sloop qui court au plus près vers la terre semble un grand aileron noir jailli de l'océan, sorte d'immense faux pointée au ciel, parce que ses voiles en enfilade ne montrent que leur côté ombreux; et il avance, rapide, tranchant, soulevé par secousses aux heurts des vagues.

Coup sur coup le *Secours de ma vie* et l'*Aimable Clara* dépassent le *Laissez-les dire* en avarie à la bouée. Par moment une explosion blanche fulgure à l'avant des barques, du côté du soleil, éclatement d'écume qui les couvre jusqu'au mât; car, bien que la brise mollisse un peu, les crêtes neigeuses dansent toujours, naissent et meurent avec des caprices de flammes, sur la mer crue où la lumière pèse à l'horizon, comme une vapeur.

Les mortiers bombardent devant le jury chaque fois qu'un vainqueur coupe la ligne. A bord, les hommes

répondent à toute poitrine, les casquettes sautent, les bras
trépignent et dans la même détente joyeuse, après le
surmenage de la lutte âpre, on voit les bateaux courir au
hasard, virer, manœuvrer au petit bonheur, les voiles
battant, puis brusquement casser leur erre et s'arrêter au
bout d'une grande glissade.

Les youyous à morte-charge rallient la terre. C'est
tout un mouvement de petites embarcations qui circulent
à force de rames, avec des rires et des chansons, sur l'eau
dont le vert s'alourdit dans l'ombre projetée du grand
bois. Et soudain un cri formidable s'élève :

— Bravo, Urbain ! Bravo, Coët ! Coët ! Coët !

Un roulement de pieds ébranle l'estacade, la foule
vibre d'un grand spasme qui fait hurler des gens sans
savoir pourquoi. Le chapeau de François domine, à bout
de bras, tandis que le père Mathieu passe un doigt sous
ses bésicles, pour essuyer le suintement de ses vieilles
paupières émues.

— C'est sorti d' nos chantiers ! répète-t-il, c'est sorti
d' nos chantiers !

La Marie-Jeanne a serré dans ses jupes ses deux petits
qui désignent la barque bleue en criant :

— Papa ! papa !

Elle sent quelque chose battre violemment sous son
caraco, de la même façon oppressante qu'autrefois, quand

85

elle rejoignait en cachette son Urbain dont elle n'était que
la promise. Elle est satisfaite de voir un peu de joie
frissonner dans les rides du vieux Couillaud et Louise
Piron, qui jubile, le sang aux joues, agiter le foulard
groseille que lui a donné Léon. Son bonheur s'avive à la
gloire et s'amplifie d'orgueil.

A bord, les hommes sont immobiles, étrangers à
l'ovation, l'œil sur la bouée. Au coup de canon seulement
leurs cris saluent la terre. Le *Dépit des Envieux* met en
panne et amène ses focs.

Déjà le *Secours de ma vie* arrive, bon second, et les
mâles acclament la Gaude, debout à l'avant, les jambes
nues, la gorge libre. Puis c'est l'*Aimable Clara* où s'agite
Double Nerf, le poitrail au vent, les biceps au cran d'arrêt ;
puis le *Brin d'amour*, le *Bon Pasteur*, l'*Etendard du
Christ* et les autres. Les voilures colorées, les coques
luisantes d'eau évoluent de nouveau sur rade, dans la
lumière plus dorée de quatre heures et le calme précoce
du soir ; car le bois de la Chaise s'épaissit d'ombres
douces et il passe moins de vent dans le faîte ensoleillé
des grands arbres.

Depuis longtemps on a vu le *Laissez-les dire* accoster
l'estacade, sans finir la régate, et Perchais débarquer,
farouche, la casquette sur les yeux, les bras ballant au
torse. Et à la distribuion des prix, le jury annonça que le

Dépit des Envieux et le *Laissez-les dire* étaient déclassés pour abordage.

La foule des maillots bleus frémit du coup. Un souffle de colère emporta les raisons. Les équipages étaient face à face, les poings prêts, réclamant justice et s'insultant tout à la fois. L'envie haineuse avait trop fermenté au sang des hommes dans cette journée de défi, et la bataille terrible qui menaçait depuis le matin allait éclater sans merci. Des messieurs, le maire s'interposèrent :

— Allons, mes amis ! mes amis, du calme !....

— Le premier prix à Coët ! jeta une voix.

Mais le caraco rouge de la Gaude parut hors des rangs.

— S'ils sont déclassés, Perchais et Coët, c'est nous les premiers, dit-elle.

Un yachtman cria « bravo ! » d'enthousiasme et le maire approuva en souriant à la belle fille :

— Avec un matelot comme ça on se passerait de mousse !

La meute des pêcheurs grondait par derrière, discutant l'abordage, les avaries, la grand'voile trouée, le bout-dehors rompu. Perchais demeurait immobile, les bras croisés, au pied d'un poteau ; et la Marie-Jeanne tirait vainement son homme pour l'entraîner. Urbain Coët semblait très calme, mais il voulait rester là jusqu'au bout, crânement.

Les Goustan se montraient les plus indignés, et tout soudain le grand François lança parmi les vitupérations :

— Et puis on s'en fout de leur prix ! Le *Dépit des Envieux* a battu *Laissez-les dire*, hein ! battu à plate couture ! Alors le reste on s'en fout !

Cette fois Perchais remua. Il tourna vers François sa poitrine sur laquelle des points dans la laine dessinaient une ancre et, les épaules secouées :

— Répète ! dit-il.

Un plissement tragique ravinait son front carré, entre les sourcils fauves. Sa mâchoire, restée pendante après la dernière syllabe, avançait un maxillaire féroce, armé de chicots noirs ; et le poil ardent de son cuir tavelé se hérissait. Déjà Malchaussé et le père Olichon étaient entre eux. Mais Urbain Coët s'avança et dit simplement :

— Je te propose la revanche.

Perchais l'écrasa d'un mauvais regard, puis il siffla :

— Je la prendrai ben, mon fils d'vesse !... et il partit en broyant le sable sous ses lourdes galoches.

Alors le jury décerna le prix au *Secours de ma vie*, patron Olichon. Mais c'est la Gaude qui vint recevoir la jumelle « offerte par le ministère de la marine », et les cinquante francs.

— On aurait pu donner trois pistoles au constructeur, regretta Urbain en regardant les louis aux mains de la Sablaise.

— T'inquiète donc pas! fit la Marie-Jeanne avec fierté, c'est toi l'vainqueur, tot d'même!

Or, dans cet instant, le père Couillaud s'avança pour lui serrer la main.

— Ton bateau marche ben, mon gars, dit-il, mais il rapportont guère! C'est point toujours ceux qui plantent qui récoltent!

A propos, le vieux Mathieu intervint pour proposer une cerise à l'eau-de-vie, « une cerise du jardin, et c'est ma bru qui les confit, alles sont vrai gouleillantes! » Mais, n'ayant pas le cœur à trinquer, Coët s'excusa et rembarqua avec sa femme et ses enfants.

Des yachts et des chaloupes s'éloignaient déjà vers Saint-Nazaire, vers Pornic, vers l'Epoids, sur la mer plus plate maintenant que le vent tombait avec le soleil. La mer n'était plus l'eau vive, lourde de fécondité, épaisse de couleur, moutonneuse aux heurts de ses nappes vertes, mais la table d'émeraude lentement polie pour prendre, d'un seul reflet, tout le ciel au couchant. Les tons s'affinaient vers l'horizon, s'imprécisaient, mélange brumeux d'or, de rose, de réséda, de gris, où une voile lointaine mettait l'harmonie de sa courbe et

l'émotion émanée des vies humaines qui s'en vont.

Un vapeur emporta la musique qui déchaînait une *Marseillaise* avinée. L'ombre du bois croissait sur les eaux où des barques avaient une immobilité grave de penseur, car on sentait bien que ce n'étaient pas là des choses mortes.

La tête de turc pétaradait toujours sous la masse des jeunes hommes fiers de leurs biceps, tandis que d'autres payaient aux galantes la loterie où tourbillonnent des carafes cabossées, des verres coloriés et des assiettes au fond desquelles sont peintes « nos gloires militaires ».

Des chargements partaient vers Noirmoutier, en voitures à âne, avec la loueuse qui trotte par derrière, pieds nus, un journal en voûte sur le front. Des couples se démasquaient tour à tour parmi les chênes ; et dans la chaleur balsamique du sous-bois stagnaient des fumées de vinasse, des puanteurs de crottin et de sueur de bête.

Les matelots gagnaient la ville, par bande, bras dessus, bras dessous avec les filles, en redisant les chansons du service :

C'est le dimanche après dîner
Que ces brav'matelots s'en vont s'y promener !...

Les rangs ondulaient comme un ruban, s'élargissaient, se resserraient, avançaient toujours, en flottant au

90

rythme des chœurs où braillaient des femmes :

Il faut les voir tous ces jolis garçons
Quand ils s'en vont tout habillés de blanc!
Si par malheur l'un d'eux fait une tache,
L'autre lui dit : Cochon faut que tu te décrasses,
Avec de l'eau et du savon,
Ou bien tu n'auras pas du vin dans ton bidon !

Les plus ivres discutaient encore la régate, nez à nez,
au bord du chemin, tandis que les anciens parlaient avec
émerveillement des barques d'autrefois qui ont contenu
leur jeunesse.

Les refrains s'espaçaient et arrivaient par bouffées,
toujours de plus loin. Le tumulte des hommes s'éloignait
vers la ville, où il y avait, sur la place d'Armes, des
Balançoires de Belfort et un tir à la cible.

Louise Piron passa au bras de Léon Coët, affichant
crânement son homme. Elle avait dérobé des conserves,
et lui portait une miche sous le bras. Ils mangèrent
au carrefour, sous le profil sec de la croix qui tran-
chait le crépuscule. La route s'allongeait bleuâtre, vers
la ville féodale sur l'horizon avec les pointes des
tourelles et du clocher, le cube du château. Des voix
traînaient encore par les champs :

... Si tu n'as pas d'savon,
Fous-y de la potasse !

Ils revinrent tard dans la paix où le vent et la mer n'existent plus, et, courbatus d'amour, ils flottaient au bras l'un de l'autre dans le calme large de la nuit, quand la Louise heurta deux corps et poussa un cri. Puis elle rit de reconnaître son père et le Nain, assommés par l'alcool au bord du fossé.

— Tu t'saouleras pas comme ça, toi? dit-elle à Léon.

Un groupe les rejoignit : Gaud, porté à bras par Olichon et sa femme. Double Nerf lui avait enfoncé trois côtes, à cause de la Gaude qu'il voulait caresser chez la mère Cônard. Le blessé gémit. La Louise serra le bras de Léon.

— Tu m'aimeras comm' ça, toi?

Mais rancuneux à l'équipage qui avait touché le premier prix, il songeait que Gaud n'avait pas volé son coup de poing dans le thorax.

Par derrière, le grand Bourrache fredonnait en chambranlant :

A perte de vue, au ras du marais, les étoiles fourmillaient imperceptiblement.

V

LA cloche sonnait à la pointe de la jetée, sans répit,
à longs coups espacés comme ceux d'un glas,
et parfois s'emballait dans une volée haletante
où l'on sentait toute l'exaspération d'une main nerveuse.

On entendait la cloche depuis le matin dans le village
silencieux, mais sans la voir, parce qu'elle tintait là-bas,
sur l'eau parmi la brume. Elle sonnait en mineur, sans
défaillance, régulièrement ou par grande secouée, et la
tombée constante de la note lugubre dans le calme sourd
serrait le cœur et faisait frissonner.

Le brouillard était venu dès dix heures avec le prime
flot. Sous un ciel bas et fumeux, taché d'une lueur diffuse
à l'endroit du soleil, sous un ciel de janvier bien qu'on ne
fût qu'en novembre, une buée lourde avait soudain paru,
s'avançant rapidement du fond du large, emportée,
semblait-il, par un grand vent. Et elle effaçait tout sur
son passage, le point noir des barques au loin, le champ
infini de la mer glauque, les tours jumelles du Pilier, le
marais, la jetée, le port... Et l'on était surpris, quand on
baignait dans ces nuages qui dérivaient hâtivement, de
s'apercevoir qu'aucune brise ne les poussait.

93

Maintenant le village était blotti dans la crainte. La vie s'était tue; l'air avait perdu sa sonorité, les choses leur écho. On se cherchait d'une maison à l'autre, on se hélait en appels étouffés et la jetée ne retentissait point du soufflet des sabots. N'était la voix de la cloche, on pouvait croire que le brouillard avait effacé l'humanité sur cette pointe de terre.

Pourtant, à l'extrémité de la digue, des femmes demeuraient groupées. La cloche tintait au-dessus de leur tête dans son bâti en forme de guillotine, sous la main de la Gaude qui l'agitait par intervalle. Sur son mât, le petit feu vert allumé par Zacharie s'efforçait de trouer la brume. A peine si la mer apparaissait aux pieds de la jetée qui avait pris des proportions de rempart, et d'en haut les femmes penchées distinguaient mal une surface d'étain sur laquelle se traînaient en adhérant des vapeurs floches.

Le brouillard sentait l'âcre et déposait de l'humidité. La corde de la cloche était raide et ne balançait pas quand on la lâchait. Les femmes avaient un foulard sur la tête; il ne faisait pas un temps à sortir une coiffe.

Elles parlaient peu. Elles regardaient devant elles dans l'opaque, du côté où les hommes étaient partis pour la pêche, du côté où ils devaient chercher leur route, à tâtons sur l'eau noire, sans repère, sans vue, avec l'unique

94

secours d'un doigt aimanté qui désigne à peu près le nord.

Quelques-unes tricotaient machinalement, parce que l'habitude de leurs mains était plus forte que l'inquiétude de leur cœur. La plupart attendaient simplement, avec résignation. Et les enfants se serraient aux jupes, instinctivement craintifs du brouillard sournois.

Le brigadier Bernard, Zacharie et le vieux Piron opinaient parmi les femmes. Ils étaient graves et faisaient des hypothèses : « La mer a encore trois heures de montée ; avec le courant et le petit souffle de l'ouest, les gars peuvent rentrer avant le jusant ; sonne hardiment, la Gaude ! »

Mais son bras retomba las ; la Perchais lui succéda ; et la cloche continua à crier, comme un chien aboie au perdu.

Par moments le père Piron lampait une gorgée d'alcool à même une bouteille qu'il tirait de sa vareuse.

— C'est pour point être enfroiduré par c'te poison, disait-il en désignant le brouillard.

Et l'on veillait lugubrement, en parlant seulement de la brume parce qu'on pensait aux hommes qu'elle pouvait égarer.

— Ecoute ! écoute ! jeta soudain Bernard.

La cloche se tut ; tout le monde se tendit vers la mer. Silence de mort. Et brusquement arriva des infinis de la brume un mince appel de corne.

95

— On huche ! on huche au large !

La Perchais sonna des deux mains, sonna à toute volée, puis s'arrêta. La corne répondit d'un cri si long qu'on y sentit passer toutes les forces de la vie. Alors, sans discontinuer la cloche et la corne s'appelèrent ; celle-ci s'approchant lentement, grossissant sa voix à mesure dans cette opacité impénétrable où ses hurlements continus évoquaient un monde douloureux d'esprits invisibles. Les femmes guettèrent ragaillardies, mais sans parler, parce que chacune avait au cœur l'espoir de voir paraître son homme, à elle.

A la pointe de la jetée, le brigadier héla :

— Oh ! du sloop !

Une voix perdue dans le nuage répondit :

— *Brin d'amour !*

Machinalement tous répétèrent le nom, sauf deux tricoteuses, la mère Viel et la Chiron dont les visages s'éclairèrent et qui se retirèrent du groupe où on les envia et où elles n'avaient plus rien à faire. On entendit l'eau battre sous des avirons et une grande ombre se dressa au ras de la jetée, une ombre de brouillard en forme de barque. Le buste en avant, toutes les femmes interrogeaient à la fois, chacune pour son compte.

De son bord Chiron expliqua :

— Les gars arrivent derrière ; sauf Perchais et Coët

qu'étaient ben dans l'large quand s'a levé la brume.

La Perchais lâcha la corde en soufflant, fâchée de sonner pour Urbain Coët, en même temps que pour son mari, et la jeune femme de Charrier empoigna résolument la corde. Le glas continua en mineur, dans le silence.

Maintenant des cornes répondaient dans le lointain, d'on ne savait où, — était-ce de l'eau ? de la terre ? du ciel ? — la vue se perdait à dix mètres. Les beuglements sourds du troupeau qui cherchait l'étable se croisaient et sourdaient tellement à perte d'ouïe, dans l'harmonie du calme, que les éclats tumultueux de la cloche semblaient inconvenants. Des fantômes de barques, qui vivaient par le bruit, rentraient au port successivement.

Les femmes au cœur content remontaient au village en bavardant le long de la jetée déroulée magiquement sous leurs pieds à mesure qu'elles avançaient. La Marie-Jeanne était allée conduire ses enfants à la maison, parce que l'humidité imprégnait leur camisole et qu'il ne fallait pas qu'ils aient froid. En revenant, elle fit une prière à la croix plantée dans la cour d'Izacar. Quelque chose se désespérait en elle bien qu'elle sût qu'Urbain se dirigeait d'instinct à la mer et que son grand cotre bleu à voiles rousses lui apparût toujours dans une gloire victorieuse, comme au soir de la régate.

Elle monta sur la dune, de l'autre côté de la Corbière,

97

pour voir le large. De la brume si dense que la barque
du père Crozon le homardier, mouillée à ses pieds, était
effacée et aussi l'eau tout autour d'elle. On respirait une
aigre salure et les cils mettaient une touche froide aux
paupières en battant. La Marie-Jeanne écouta un instant
les sons ouatés de la cloche, puis elle s'en retourna en
longeant le cimetière. Elle vit la tombe du vieux Jean-
Marie Coët accotée au mur bas. Le village, la mer, tout
lui semblait un grand cimetière sous le silence définitif et
le glas agonisant. Elle trembla, se hâta vers la jetée. La
nuit tombait.

Devant le canot de sauvetage, on l'aborda.

— Sont-ils revenus?

C'était la Louise inquiète qui sortait de l'usine.

— Pas encore...

Les deux femmes cheminèrent sur le granit. Le
brouillard absorbait l'obscurité et se fermait comme une
muraille. La mère Aquenette sonnait à son tour, le Nain
n'étant pas rentré. Près d'elle, seule la femme de Perchais
attendait toujours. Les autres avaient retrouvé leur mari,
leur père, et maintenant mangeaient la soupe.

Mais le brigadier Bernard était encore là, s'exaltant
au devoir en pestant contre les pêcheurs.

— Qu'est-ce qu'ils fichent donc? Mais qu'est-ce
qu'ils fichent donc?...

98

Deux fois la Perchais crut entendre une corne. Il faisait nuit, lourdement.

La troisième fois elle ne se trompa pas ; des appels se rapprochaient. Bernard héla le sloop, tandis que les quatre femmes se défiaient de l'œil : à qui celui qui va répondre ?

— *Bon Pasteur !*

La mère Aquenette poussa un grand « ah ! » insolent. Le *Bon Pasteur* ne pouvait rentrer au port ; il n'y avait plus d'eau. Des jurons, des coups de bottes partirent dans l'ombre. Interrogé, le Nain dit qu'il n'avait vu ni Perchais ni Coët. Le brigadier encouragea les femmes et s'en fut casser la croûte. Après il ne revint pas.

Le froid piquait. Les ténèbres massives obligèrent la mère Aquenette à tenir le garde-fou pour se guider. Elles restèrent trois, sans se voir. Serrée près de la Marie-Jeanne, Louise avait pris sa main et la Perchais sonnait fébrilement. La cloche balançait un reflet pâle sous le feu vert.

Mais quand la Perchais cessait pour écouter, la peur du silence saisissait aussitôt les femmes, et l'une ou l'autre se jetait sur la cloche pour ranimer la voix d'airain et le reflet blême qui était de la vie dans la nuit sinistre.

Il semblait que maintenant la brise s'élevât un peu du côté de l'ouest ; cela se sentait au visage, et des bouffées de brume traversaient vite l'éclat du feu. Peut-être le vent

allait-il nettoyer l'espace et découvrir les phares de la terre et du ciel? La Louise renifla vers l'océan, étreignant de toute la force de son nouvel espoir la main de Marie-Jeanne, et soudain elle poussa un cri.

— Là! là! sur l'eau!

Le son de la cloche se cassa dans une note. Les trois femmes se penchèrent sur le gouffre noir d'où montait un bruit de clapotis. La Perchais appelait à tue-tête :

— Julien! Julien! c'est-il tei?

— C'est mei, on y va!

La Marie-Jeanne et la Louise furent secouées. Elles attendaient la voix d'Urbain. Enfin la première demanda :

— Et mon homme? et Coët?

On ne répondit pas d'abord et elles entendirent le canot heurter violemment les viviers d'Izacar. La Marie-Jeanne tremblait. Sous elle une voix grogna :

— Coët! j'pense pas qu'il rentre à c'te nuit!

Elles n'étaient plus que toutes les deux sur la jetée, Louise et Marie-Jeanne. Dieu, qu'il faisait froid! les cotillons se tenaient raides d'humidité! Et la Marie-Jeanne, qui grelottait comme un enfant, s'accroupit sur le remblai de ciment où est planté le fanal. Alors la Louise empoigna furieusement la corde et sonna à tours de bras, jusqu'à être en nage. Mais le vent d'ouest, qui forçait de plus en plus, emportait le son sur la baie, et dans les maisons du

village, terrés au chaud, les pêcheurs n'entendaient même
pas le carillon éperdu. Et quand Louise se calma, les bras
rompus, elle s'aperçut que le phare du Pilier paraissait à
l'horizon comme une tache rousse et qu'il ne passait plus
de brouillard dans le rayon du feu vert.

Engourdie de froid jusqu'au cœur, la Marie-Jeanne
se demandait quelle force d'amour possédait cette
grande fille qui s'acharnait au rappel de l'amant, lorsqu'elle entendit rire, se sentit soulevée et vit le phare du
Pilier éclater devant elle. Alors elle rit aussi en s'essuyant
les yeux, parce que les rires d'espoir font en même
temps pleurer, puis de toutes leurs lèvres gercées les
deux femmes s'embrassèrent et s'attardèrent là, toutes
béates. Enfin elles regagnèrent le village en tâtonnant
tout le long du garde-fou et Louise quitta seulement la
Marie-Jeanne à sa porte.

Les enfants dormaient à poings fermés dans leur
berceau. La Marie-Jeanne songea longtemps dans son
lit aux draps rudes, car lorsqu'on a de l'âge, l'être senti-
mental résiste davantage aux besoins de la chair ; mais à
la fin, et bien qu'elle luttât en priant Dieu, harassée
d'émotions, elle culbuta dans le sommeil, avec le bour-
donnement de la cloche aux oreilles.

Il passe maintenant du grand vent sur les maisons,
et l'océan revit en grondant autour de l'île.

Elle dort depuis elle ne sait combien de temps, quand des coups à sa porte la réveillent en sursaut. Elle court en chemise ouvrir le volet qui claque le mur. Il fait jour et la mère Izacar est en bas.

— De quoi que n'y a ?

— C'est rapport à votre homme... il est de retour...

— Urbain ! Urbain ! mais où qu'il est donc ?

Et comme le visage blond d'un petit se hisse à la fenêtre et que l'enfant crie : « Papa ! papa ! » la vieille face de la mère Izacar se crispe si brusquement que la Marie-Jeanne a peur.

— Y aurait-il du malheur, dites ?

— Un petit... le *Dépit des Envieux* est à la côte... à la Corbière...

Marie-Jeanne s'habille lentement, parce qu'elle veut aller très vite et que ses mains tremblent. Elle prie la bonne femme de garder ses petiots et s'en va malgré la vieille qui veut la retenir. Elle n'a pas eu le temps de nouer un mouchoir sur sa tête et n'a pas pris de sabots pour mieux courir. Le gars de Viel, qui la voit passer, rigole parce qu'un bout de chemise sort de son cotillon par derrière.

La Marie-Jeanne se hâte et s'affole davantage de ne rencontrer personne sur son chemin. Elle dépasse l'usine Rochefortaise et, brusquement, le vent du large la heurte

comme pour l'empêcher d'avancer. Ils sont tous en bas, dans les roches, les gens du village ; elle les aperçoit. Ah ! comme son cœur tape !... Et ce vent qui la prend à la gorge ! le sable qui fuit sous son pied !... et cette mer méchante qui crie autour d'elle comme une meute de gamins moqueurs !...

D'ailleurs les jambes lui manquent !... Qu'est-ce qu'ils font donc là-bas penchés sur l'eau ? Il faut qu'elle se dépêche, qu'elle arrive vite, vite...

Mais elle s'arrête net en découvrant la masse claire d'une barque jetée sur le flanc parmi les roches. Oh ! leur bateau ! leur si beau bateau !...

Il gît lourdement sur le côté, dans la position déséquilibrée des choses mortes. Ses fonds apparaissent labourés de blessures blanches et crevés à jour. Il se vide lentement de l'eau embarquée, ainsi qu'une énorme bête abattue qui saignerait. Oh ! leur bateau ! la barque rêvée ! la barque conquise, la barque qui portait un souvenir d'amour dans son flanc, comme une âme, éventrée là, sur les roches mauvaises !...

La Marie-Jeanne va tout doucement maintenant qu'elle sait, chancelant comme une femme ivre. Et soudain toutes les faces dans le groupe se tournent de son côté. Le brigadier Bernard monte précipitamment vers elle et s'efforce de la renvoyer.

— J'veux vouère mon homme !

— Mais il ira chez vous... tout à l'heure...

— J'veux l'vouère tout d'suite !

— Allons, allons, Marie-Jeanne, vous frappez point... venez avec moi...

— J'veux vouère mon homme, que j'vous dis !

Bernard l'a saisie au bras et cherche à l'entraîner. Elle se débat avec force, entêtée par la résistance.

— Pourquoi qu'il vient pas à c't'heure !

— Il est occupé... il travaille à sa barque...

Alors Marie-Jeanne fixe ses regards sur le visage ambigu du douanier; ses yeux se dilatent; elle crie : « J'veux vouère mon homme ! J'veux vouère mon homme ! » et dévale au galop vers la plage.

Personne ne se met en travers. Elle passe entre les cous tendus. Des hommes à genoux se redressent. Elle heurte un corps par terre, s'immobilise, les yeux fous, la bouche grande ouverte sans proférer un son, oscille un moment et s'abat raide.

On la relève évanouie, le front fendu sur une pierre et tout sanglant. Des femmes s'essuient les paupières et se détournent par émotion. On est parti chercher des civières pour ramener les cadavres d'Urbain Coët et d'un matelot. On n'a pas retrouvé les corps de l'autre et de Léon.

104

Les pêcheurs ne s'expliquent pas le naufrage. Le sloop porte à l'étrave une bosse rompue. Perchais seul fait des hypothèses, dit que, sans doute, le câble de mouillage ayant manqué pendant le sommeil des hommes, la barque a dérivé vers la côte, mais voyant le père Olichon qui le regarde obstinément de toute sa face d'honnête homme, il conclut :

— Et puis Coët était trop fier, c'est l'bon Dieu qui l'a puni.

Dans le groupe quelqu'un murmure :

— Et qu'tu l'as p'tête ben aidé...

Tout le monde se retourne vers la voix. Comme s'il n'avait point entendu, Perchais s'éloigne, la tête haute, le dos carré.

Ce fut Louchon, le facteur, qui porta la nouvelle aux Goustan à Noirmoutier et au vieux Couillaud.

Le bonhomme se redressa sur son carré de pommes de terre pour écouter la chose, un bras appuyé à la houe luisante. Les plis de son visage se creusaient durement à mesure du récit, et quand Luchon acheva, en tournant la mâchoire par manière d'apitoiement : « ... Ça fait que maintenant, vot' fille... eh ben, la v'là veuve... » il répondit tout net en étendant la main :

— J'l'avions prévenue. Quand on connaît c'qu'on prend, on n'est pas volé. Qu'a s' débrouille !

105

Le facteur hocha la tête en approbation ; le vieux grimaçait, et tout soudain :

— Vois-tu, Louchon, la terre c'est la terre ! a boude mais a manque point, et puis quand on y tombe, ma foi, a vous tient chaud !

La houe bascula dans sa main, son dos plia, et une motte grasse, soulevée du sol, découvrit les pommes blondes.

— L'pourri s'y met, dit-il, a chôme à rentrer...

Et de nouveau l'outil frappa la glèbe.

Aux chantiers de Noirmoutier la nouvelle porta plus dur et François lâcha l'erminette en s'exclamant :

— Une barque qu'est seulement point finie d' payer !

Il enfourcha sa bicyclette et fila vers l'Herbaudière pour estimer le sauvetage. Il ne s'arrêta qu'à l'entrée du village, devant la cabane des Piron, d'où sortait la Louise à la première sonnerie de l'usine.

— Où ce qu'est l'épave ? interrogea-t-il.

Mais elle ne comprit pas. Alors il lui conta que le *Dépit des Envieux* s'était mis au plein dans le brouillard de la nuit et que tout l'équipage était noyé. Elle semblait ne pas comprendre davantage et répétait :

— Noyé ?... Léon... noyé ?...

— Il ce paraît !

— Léon noyé ! Ah ! ah ! ah !

106

Et hurlant de douleur elle sauta chez elle, s'enfonça dans un coin et sanglota éperdument :

— Je suis enceinte ! je suis enceinte !...

François regardait à la porte. Le vieux Piron avait grogné sur son tas de varech. A demi levé, il jura, écouta et, saisissant soudain, tomba sur sa fille à coups de pied qui lui firent se tenir le ventre à deux mains pour le garer, tandis qu'elle se coulait sous la table en gémissant. Le vieux cogna jusqu'à ce qu'elle ne remuât plus, ne soufflât plus, morte semblait-il ; puis il sortit congestionné, en grondant : « La garce ! la garce ! » et descendit au port avec François Goustan.

Devant l'auberge à Zacharie ils croisèrent des hommes qui portaient le corps de Coët et celui de la Marie-Jeanne, toujours évanouie. Déjà des barques s'éloignaient en tanguant sur la mer vert bouteille, lamée d'argent. Le père Piron hocha la tête et entra au *XXe Siècle*, boire la goutte pour se remettre.

DUCROS & COLAS
IMPRIMEURS A PARIS
ONT ACHEVÉ LE TIRAGE
DU PRÉSENT VOLUME
LE 15 OCTOBRE 1924

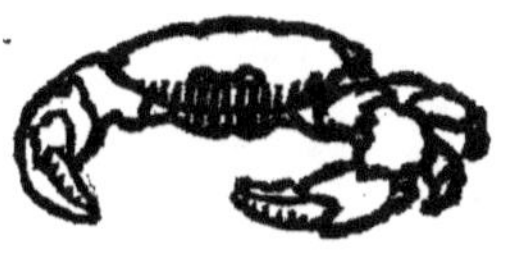